JN418451

개정판

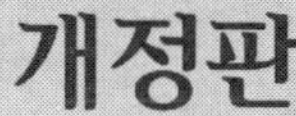

생활과 경제

김진세 | 박남규 | 전용유

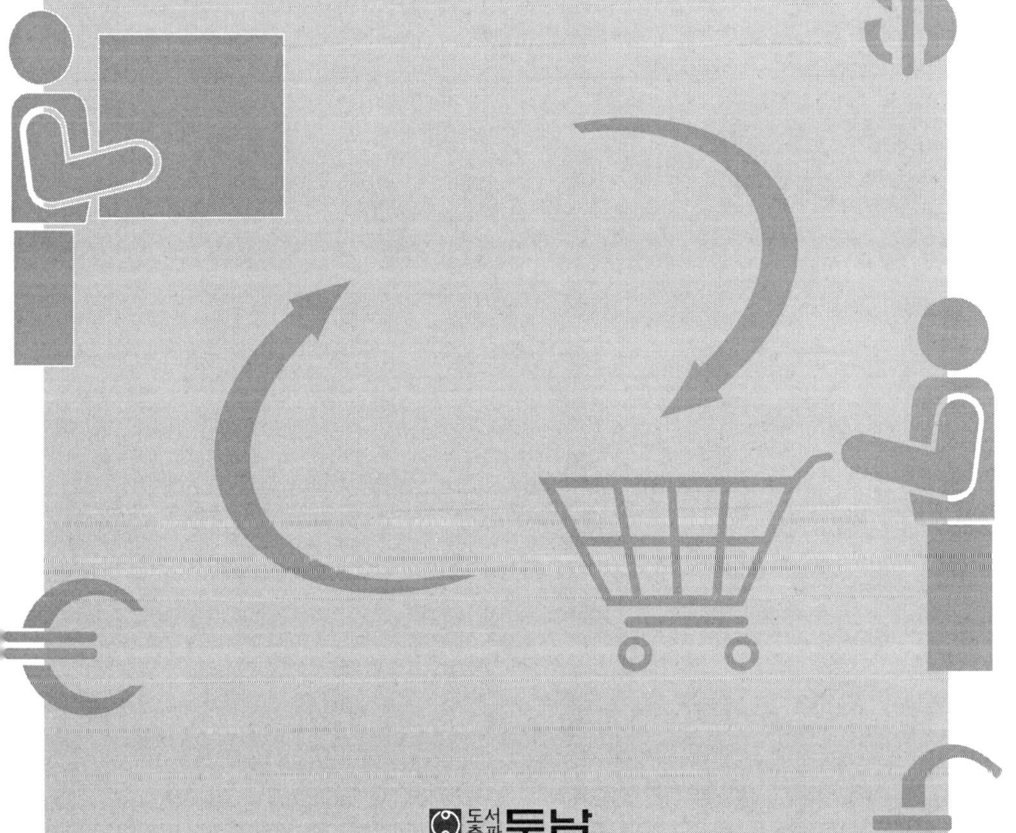

도서출판 두남

개 정 판 머 리 말

돈을 불리기 위한 가장 기초적인 3가지 방법은 '모으고, 굴리고, 지키는 것'이다. 사람들은 좀 더 효율적으로 돈을 모으기 위해, 남보다 높은 이익을 거두기 위해, 더욱 안전하게 지키기 위한 '방법'에 관심을 둔다. 하지만 시시각각 변하는 경제 상황에서 이런 '방법론' 보다는 경제 전반적인 흐름에 집중해야 한다. 경제는 금리와 환율, 유가 등의 변수와 재벌, 금융 등 수 많은 이해관계자가 얽히고설켜 있어 돈의 흐름이 계속해서 변하기 때문이다.

이를 테면 이런 식이다. 빚을 내서 집을 사라는 지난 정부의 외침으로 사람들은 앞 다퉈 빚을 내서 부동산을 사들였고 그 결과 가계부채가 1,300조 원을 넘어서게 되었다. 지금은 금리가 낮아 그나마 빚의 무게를 잊고 지낼 수 있다. 하지만 곧 금리가 오르게 되면 그때는 빚의 무게를 감당하지 못하는 사람들이 많아질 것이다. 따라서 생활속에 깊숙이 자리한 경제를 간단히 부동산에만 빗대어 설명하기는 어렵겠지만, 현실은 '조물주 위에 건물주'라는 신조어로 경제의 어려움을 대신하고 있다.

4차산업혁명의 중심인 AI(인공지능)으로 인하여 많은 일자리를 잃게 된다는, 계속되는 신문보도와 인터넷 기사거리가 우리네를 더욱 더 불확실한 미래로 움직이지 못하게 하고 있는 지금이지만, 대학를 통한 협력으로 지금의 현실을 옛이야기처럼 하는 그날을 기약하며, 개정된 부분은 이론보다는 각 장의 자료를 현재시점으로 업데이트하였으며, 이

책을 급변하는 경제 환경 속에서 기회를 찾길 바라는 독자들에게 구체적인 방법을 제시하는 책이 되어주길 바란다.

2018. 2. 7
In The World of Teddy
김진세

머 리 말

경제는 우리의 일상생활과 밀접한 관련을 맺고 있다. 소비자로서 생산자로서 우리들은 매일 경제활동에 참가하면서 언제나 중요한 경제문제에 봉착하게 된다. 즉 우리들 주변의 사소한 문제로부터 실업, 인플레이션, 환율, 주가, 노사문제, 무역마찰 등 수많은 경제문제에 부딪히고 있다. 매일매일 보도되고 있는 경제뉴스뿐만 아니라 우리들 생활 그 자체가 경제의 일부라고 할 수 있다.

따라서 많은 사람들이 경제가 중요하다는 말을 하고 있고, 경제를 올바르게 이해하지 않고서는 효율적인 사회생활을 영위할 수 없는 시대에 살고 있다.

그러나 안타깝게도 사람들의 경제에 대한 인식은 뒷걸음치고 있는 것 같다. 경제현실을 정확히 이해하기가 어려울 뿐만 아니라 경제학적 논리와 이론이 어렵다는 것이다. 이는 물론 학교에서 이루어지는 경제에 대한 교육방법의 문제도 있겠지만, 학생들뿐만 아니라 일반인 수준에서 경제를 쉽게 이해할 수 있는 교재가 부족한 탓도 있을 것이다.

그래서 사람들은 실생활과 직결된 경제문제를 쉽게 이해할 수 있는 적절한 입문서를 찾고자 하는 갈증을 갖게 된다.

예를 들면, 학생들이 주식에 대한 관심은 있지만, 처음에 어떤 부분이나 어떤 책을 먼저 읽어야 하느냐는 질문에 대한 답을 주기가 굉장히 어렵다. 그것은 주식을 한권의 책으로 모두 설명하거나, 시시때때로 변하는 경제상황에 따른 반영정도를 설명하기가 어려운 것과 마찬가지로 경제의 이해나 학습, 활용 등은 같은 맥락으로 설명될 수 있을 것이다.

이 책은 무엇보다도 딱딱한 경제이론이나 금융이론들을 가급적 피하고 누구나 쉽게 이해할 수 있으며 실생활에 도움이 되는 내용으로 구성하고자 하였다.

따라서 이 책이 경제를 알고 싶은 일반인이나 학생들이 필요한 경제에 대한 지식을 이해하고, 학습하고, 활용하며 더 나아가 또 다른 분야의 개척과 접목을 위한 지침서로 활용될 수 있기를 기대한다.

이책은 전부 4부, 12장으로 이루어져 있으며, 1부의 세 개장은 화폐에 대한 설명이고, 2부의 세 개장은 소득과 세금이고, 3부의 세 개장은 구매, 4부의 세 개장은 재테크에 대하여 설명되었다.

끝으로 미약한 원고임에도 이 책을 출간 할 수 있도록 도와주신 도서출판 두남의 전두표 사장님과 김재윤 차장님께 깊은 감사드린다. 그리고 워드 프로세서와 교정과정을 도와준 건축공학과 전윤영 조교에게도 감사의 마음을 전한다.

2011년 2월

김진세

차 례

Part 01 경제 이해

Part 02 경제 학습

Part 03 경제 활용

Part 04 경제 테크

Part 01 경제 이해

"부자가 되고 싶다면 주위의 부자가 하는 것을 그대로 따라하라. 그러다보면 어느새 부자가 되어 있을 것이다."

폴 게티(미국의 석유 재벌가, 미국 최초의 억만장자)

제1장 화 폐

1. 돈이란 무엇인가?

돈이란? 물건이나 서비스를 구입하면서 그 대가로 지불하는 수단을 말한다. 따라서 어떠한 형태를 취하든지 지급수단으로 사용되는 한 모두 돈으로 간주된다.

과거에는 곡식이나 조개껍질 등이 돈의 기능을 수행하였는데, 점차 물건과 서비스의 교환량이 증가하면서 그 수량이 부족해지고 부패하거나 멸실하는 경우가 빈번하게 발생하면서 금이나 은과 같은 귀금속이 그 기능을 대신하였다. 이후 1900년대 중반까지 돈의 기능을 수행하던 귀금속은 국제교역량이 증가하면서 한계에 봉착하게 되었고, 요즘은 거의 모든 국가들이 관리통화제도로 대체하게 되었다.

관리통화제도란 국가가 공권력을 바탕으로 발행한 종이쪽지(지폐)나 동전에 돈의 기능을 부여하여 이를 제시하면 물건이나 서비스의 구매수단으로 활용할 수 있도록 하는 것을 말한다.

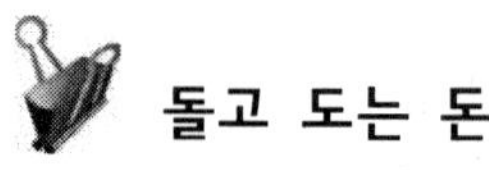

돌고 도는 돈

돈은 돌고 도는 것이라고 해서 '돈'이라는 이름이 붙여졌다는 우스갯소리가 있다. 돈은 한 사람만이 가지고 있다면 그 돈은 힘을 발휘하지 못한다. 돈이 돈다는 것은 사람들이 물건의 대가로 돈을 지불하고, 그 돈을 받은 기업은 고용인에게 임금으로 지불하여 또 다른 물건을 구입하게 하는 순환 과정을 말한다.

즉 원리뿐만 아니고 돈의 개념도 옛날이나 지금이나 동일하다. 일반적으로 돈은 다음의 세 가지 기능을 가지면 돈이라고 할 수 있다.

첫째, **거래하는데 매개가 되는 교환의 수단 기능**을 가지게 된다. 돈은 물건과의 교환에 쓰인다. 용돈이 3만 원이 있다면 시장에서 3만원에 해당하는 물건을 살 수 있다. 이것을 구매력이라고 한다. 이 구매력을 가지고 시장에서 음반을 살 수도 있고 미용실에서 머리를 염색할 수도 있고 음식점에 가거나 군것질을 할 수도 있다. 이러한 교환의 수단은 돈을 내는 입장에서 보아 지불의 수단으로 볼 수도 있다. 이렇게 자기만을 위해 돈을 쓸 수도 있지만, 친구에게 생일 선물을 사주거나 어버이날 부모님께 효도하는 수단으로 사용하는 등 더욱 가치 있게 쓰는 방법도 있을 것이다.

둘째, **돈이라고 불리 우는 그 속에 항상 가치가 저장되어 있는 가치저장수단의 기능**을 갖고 있으면 된다. 돈은 앞날을 대비하는데 쓸 수 있다. 용돈을 다 쓰지 않고 일부를 남겨 두면 당장에는 돈이 없어 재화나 용역을 쓸 수 없다는 불편함이 따르겠지만, 저축액이 점차 불어나서 나중에는 큰돈이 되어 평소 갖고 싶던 MP3 플레이어를 마련할 수 있다. 이렇게 돈은 가치를 저장하는 수단이 된다. 그런데 저축할 때는 여러 가지 고려해야 할 문제들이 있다. 돈을 돼지저금통에 넣어 두면 시간이 흘러감에 따라 물가가 오르기 때문에 그 구매력이 약해지는 문제점이 있다. 이런 점을 극복하는 방법을 우리는 현명하게 배워 가야 한다.

셋째, **가치 척도의 기능**을 갖고 있다. 돈은 물건들의 가치를 비교하는 가장 기본적인 척도이다. 책의 가치를 어떻게 표현하는가? 각자가 생각하는 책의 가치는 다양하다. 책을 쓴 저자는 책 자체가 인생에 매우 필요하다고 생각하여 그 가치를 높게 평가하겠지만, 독자들은 이해와 필요의 정도에 따라 책의 가치를 다르게 평가할 것이다. 어느 누구를 기준으로 가치를 정하기는 어렵지만, 만일 돈으로 가치를 평가한다면 쉽게 가치를 비교할 수 있을 것이다. 피카소의 그림은 세상에 단 하나뿐이다. 얼마나 귀중할까? 측정할 수 없을 만큼 문화유산의 가치가 있다고는 하지만 종종 시장에서 돈으로 평가하곤 한다. 가치를 측정할 수 없을 만큼 귀한 사람의 생명조차도 가치 판단이 요구되는 생명보험 등에서는 돈으로 환산하고 있다. 이렇듯 돈은 세상에 존재하는 모든 재화와 용역의 가치를 비교하는 척도가 되고 있다.

그렇다면 돈이 없는 세상을 상상할 수 있을까? 물론 이 세상에 돈이 존재 하지 않았던 원시시대에도 인류는 살아왔다. 그러니 오늘날 우리가 살고 있는 자유시장경제에서 돈이 없는 경제생활은 상상하기 어렵다.

돈은 불과 바퀴와 함께 인류의 3대 발명품으로 꼽힌다. 돈은 처음에는 물건을 사고파는데 편리한 수단으로 사용되었다. 돈의 도움으로 인류의 경세는 눈부시게 발전하였고 편리하고 풍요로운 생활이 가능해졌다. 돈이 없으면 하루도 살아갈 수 없고, 어쩌면 가장 중요한 것이 돈인 것처럼 느껴질 수도 있다. 돈이면 안 되는 것이 없다고 생각하는 사람들도 있을 것이다.

돈은 그 자체가 상품이면서 누구의 사유물이 되던 동일한 가치를 지닌다. 돈은 철저한 평등주의자로서 일체의 차이를 제거해 버린다. 이제 돈은 무엇이든 할 수 있는 전지전능한 힘을 부여 받은 듯하다.

우리나라에는 옛날부터 '황금 보기를 돌같이 하라'는 말이 있다. 돈에 인간성을 휘둘리지 말고 청렴함을 유지하라는 경구이다.

분명 돈은 편리한 도구이지만 잘못 사용하면 파멸에 이르게 하는 이중성을 지닌다. 돈은 사람들에게 희망과 의욕을 불어넣기도 하고, 절망과 좌절을 맛보게도 한다. 서로에게 힘이 되는 역할을 하기도 하고, 서로에게 끔찍한 짓을 저지르게 만들기도 한다. 돈을 잘 다루면 모든 사람들이 행복한 사회로 나아갈 수 있고, 잘못 다루면 불행한 구렁텅이로 빠질 수도 있다.

그러므로 돈이 전지전능한 존재인 것처럼 맹신해서는 안 되지만, 돈이 마치 악의 원천인 것처럼 멀리하는 것도 바람직하지 않다. 돈이 우리 생활에 유용한 존재가 되기 위해서는 돈에 대해 올바르게 인식하고 지혜롭게 사용하는 것이 중요하다.

2. 돈의 역사(물물교환에서 화폐까지)

여러분도 잘 아시다시피 물물 교환에서 시작하여 소금 덩어리, 가죽, 조개 등의 물품 화폐가 사용되다가 많은 양을 교환해야 하거나 먼 곳까지 가야 할 경우의 불편을 해소하고자 점차 금속으로 만든 물건들을 이용하게 되었다. 금속으로 만든 물건은 간수하기도 편하고 운반하기도 쉬웠기 때문이다. 동전이 동글납작한 모습을 띠게 된 것은 2,500년 전 오늘날 터키의 일부인 리디아 지역에 사는 크리서스라는 왕이 처음으로 시도한 것이라고 한다. 물건과 물건을 맞바꾸는 대신 화폐를 주고 물건을 받는 교환 활동이 이루어지게 된 것이다. 이 다양한 교환 활동이 우리 경제의 기로가 되는 것이다. 화폐로 사용할 재료 중 주목할 만한 금속은 금과 은이었다.

금화는 로마 시대 이후 2,000년 간 모든 물건의 가치 기준이 되었다. 이렇게 금이 모든 물건의 가치 기준이 되는 화폐 제도를 금본위 제도라고 한다. 금화가 이렇게 편리하기도 하지만 금이라는 금속은 화폐가 아니더라도 귀중하다. 그러다 보니 많은 금화의 모퉁이를 눈에 띄지 않게 조금씩 갉아 내어 다른 금화를 하나 더 만드는 범죄가 성행하였다.

중세 시대에는 금 세공인들이 상인들의 금을 받아 금고에 잘 보관해 주곤 했다. 금 세공인들은 오랜 경험에 따라 상인들이 맡겨 둔 금을 모두 한꺼번에 찾아가지는 않는다는 것을 알게 되었다. 그래서 금을 빌려주기 시작하였는데, 머지않아 금 자체가 빌려가기보다는 종이에 금 차용증을 써 주게 됐다. 이렇게 해서 종이돈, 즉 지폐가 생기게 된 것이다. 사실 여러분의 주머니에 있는 지폐도 일종의 차용증이다. 10,000원짜리 지폐의 표면에 만원 상당의 가치를 지불하라는 약속이 적혀 있는 것이다. 지폐는 그 자체로는 거의 가치가 없다. 그러나 모든 사람이 지폐에 대한 신용을 믿고 있으며, 강력한 국가가 교환을 보장하기 때문에 그 가치를 가진다. 어느 나라든지 동전과 지폐를 만든 후 중앙은행이 가치를 보장하면서 유통시킨다. 우리나라에서도 한국조폐공사에서 돈을 인쇄하지만, 한국은행이 유통시키면서 교환을 보장하고 있다. 이러한 법적인 보장 외에도 돈이 신용이 있는 이유는 바로 돈의 양이 한정되어 있다는 것이다. 즉, 돈을 신용 있게 하는 비결은 나라에 유통되는 돈의 총 가치가 그 돈과 교환할 수 있는 국가의 모든 재화나 서비스 등의 가치와 비슷한 수준으로 발행되기 때문이다.

경제가 확대되면서 만 원권 등 고액권이 점차 많이 사용되게 되었다. 물론 그 전보다 물가가 올라 소액권을 많이 가지고 다니기에 불편한 점도 있겠지만 경제사회가 대량생산과 대량소비로 발전한 것이 더 큰 이유이다. 기업에서 물품 대금을 결제할 때 보통 억 단위로 이루어지고 소비자도 보통 십만 원이 훨씬 넘는 금액의 상품을 구입하는 경우가 많다. 많은 돈을 가지고 다니자면 불편하기도 하지만 그보다도 남의 눈에 쉽게 띄어 도난의 위험도 자연 커지게 될 것이다. 그래서 사용한 것이 수표와 어음 같은 것이다. 수표는 은행이 지불을 보증하는 고액지폐라고 보면 된다. 수표 10만 원은 그 액수만큼 은행에 돈을 미리 지불해야 한다. 반면 어음은 은행이 보증하는 것이 아니라 개인이나 기업이 일정 기간 후에 돈을 주겠다는 약속 증서이다. 따라서 수표보다는 신용이 떨어진다. 수표와 어음제도는 지폐와 함께 사용되고 있지만, 인터넷거래 등의 정보화사회가 발전하면서 지불수단은 플라스틱 화폐로 전환되고 있다.

인터넷으로 책을 주문해 보았지요? 인터넷 쇼핑을 하려면 주로 신용카드를 이용해서 결제를 하게 된다. 신용카드가 바로 돈이 되는 것이다. 버스나 지하철을 탈 때 일일이 돈이나 표가 없어도 네모난 플라스틱 교통카드 한 장으로 어디든지 갈 수 있다. 이제 부피가 큰 지폐를 넣고 다닐 필요 없이 몇 장의 플라스틱 카드로 경제활동을 원활히 할 수 있는 시대가 온 것이다.

지금은 초기 단계이지만 인터넷에서 쇼핑할 때, 쇼핑몰에 따라 전자 화폐를 사서 결제할 수도 있다. 거래 실적이 많으면 전자 화폐를 적립해 주기도 한다. 아직까지는 사이버 고객을 많이 유치하려는 상술이기도 하지만 이것이 전자화폐 시대로 가는 과정에 있다는 것을 이해해야 한다. 어떤 쇼핑몰이 무한히 커지게 되어 이 세상의 모든 재화와 서비스를 공급하면서 그 쇼핑몰에서만 사용할 수 있는 전자화폐를 만들면, 아마도 많은 사람이 지폐보다 아니 달러보다도 그 쇼핑몰의 전자화폐를 더 좋아할지도 모른다. 그러면 전 세계는 그야말로 하나의 시장에서 하나의 돈으로 거래할 수 있을지도 모른다.

3. 절대 화폐 금의 중요성

금은 왜 관심의 대상인가?

• **금과 원유는 어떻게 다른가?**

금은 우리가 매일 쳐다보며 감탄하는 귀금속과는 조금 다른 의미를 지닌다. 그동안 잘 몰랐던 금의 진정한 의미에 관해 알아보자.

금은 기본적으로 가치의 저장수단이다. 다른 말로 하면 금은 화폐적 성격을 갖는다. 흔히 접하게 되는 금화 은화라는 말도 금과 은에 화폐적 성격이 있기 때문이다. 이와 달리 원유는 실물적 성격을 지닌다.

그러면 인플레이션 시기가 되어 물가가 막 올라간다면 금을 가지고 있어야 할까. 원유를 가지고 있어야 할까? 실물이 있고 현금이 있으면 물가가 오르는 상황에서는 당연히 실물이 좋다. 그럼 실물적 성격을 가진 원유의 비중을 높여 나가야한다. 반대로 디플레이션이 되면 물가가 하락하는데, 이럴 때에는 현금이 더 중요해진다. 따라서 디플레이션에는 화폐적 성격이 큰 금의 비중을 높여나가야 한다는 소리다. 이것이 금이 원유와는 다른 점이다.

그 밖에도 금의 기본적인 특징이 몇 가지 있다. 첫째 시장교환성을 지닌다. 시장에서 언제든지 교환을 할 수가 있다. 둘째 운반이 용이하다. 셋째 내구성이 있다. 넷째 가치가 안정적이다. 마지막으로 쉽게 나누어 쓸 수 있다.

제일 중요한 금의 특징은 내구성이다 금이 화폐로 사용되는 이유는 오래두어도 변하지 않기 때문이다. 그래서 우리가 사용하는 금은 사실 수천 년 전에 조상들이 사용하던 금 그대로이다. 녹여서 다시 쓰고 있을 뿐이다. 우리가 가진 금 중에는 임진왜란 때 외세가 쳐들어와서 약탈해 간 것도 있을 것이고 선사시대에 목장식으로 둘렀던 것도 있을 것이다. 이렇게 금은 아주 오래된 역사를 지닌 화폐이다.

• 금은 안전자산이지만 투자 가치는 없다?

금의 화폐 기능을 대체하는 것은 없다. 금은 전 세계적으로 통용되는 것이며 우리가 화폐라고 하든 안하든 영원한 화폐라고 할 수 있다.

그러나 일반 화폐와는 달리 이자도 없고 배당금도 없다. 은행에 돈은 넣어두거나 채권을 사두면 이자를 받을 수 있고 주식에 투자하면 배당금을 받을 수 있는데 금은 아무리 가지고 있어도 이자나 배당금이 없다. 그래서 정상적인 상황에서는 투자가치가 무의미해진다.

금은 절대화폐로서 가장 안정된 가치를 지니기 때문에 경제가 불안해지면 가진 재산 중 일정량은 금으로 보유하고 있는 것이 좋다. 하지만 전 재산을 금에 투자하는 것처럼 어리석은 것은 없다. 경제가 정상화되면 금은 아주무기력해지기 때문이다. 그래서 금은 항상 재산에서 일정한 비중만 가지고 있어야 한다. 즉 경제가 나빠지고 불안요소가 커지면 금의 비중을 늘려나가고 그렇지 않을 경우에는 줄여야 한다. 이점이 금투자의 가장 기본이다.

달러가 기축통화가 될 수 있었던 이유

기축통화란 국가 간의 결제나 금융거래의 기본이 되는 화폐로 현재 달러가 기축통화로 통용되고 있다. 그런데 달러가 기축통화로 통용되기 시작한 것은 생각보다 오래돼지 않았다.

1944년 2차 세계대전이 끝나갈 무렵 미국의 한 조그만 도시인 브레튼우즈라는 곳에 각국 대표들이 모여서 협정을 맺고 브레튼우즈 체제를 발효시켜 미국의 달러화를 기축통화로 지정했다.

이때 미국의 달러화가 기축통화가 될 수 있었던 것은 전 세계 금 보유량의 70%를 미국이 차지하고 있었기 때문이다. 그 힘을 기반으로 미국이 기축통화를 달러로 발행할 수 있었던 것이다. 그래서 그 당시의 달러는 태환화폐였다. 태환화폐란 금으로 바꿔주는 화폐를 말하는데 1달러를 가지고 미국 연방은행에 가면 언제든지 금으로 바꿔주었다.

그런데 1971년 미국은 금태환 제도를 폐지했다. 당시 미국은 소유하고 있던 금을 바탕으로 달러를 마구 찍어냈는데 필요에 의해서 계속 찍어내다 보니 나중에는 금으로 바꿀 수 없을 만큼 달러의 양이 늘어난 것이다. 사람들은 동요하기 시작했고 미국 정부에는 달러를 금으로 바꿔달라는 요구가 빗발쳤다 그러나 금의 양은 한정되어 있으니 미국정부는 사람들의 요구를 계속 들어줄 수는 없었다. 당시 미국의 대통령이던 리처드 닉슨은 더 이상 달러를 금으로 못 바꿔주겠다고 아예 선언해버렸다. 결국 이렇게 금태환 제도는 폐지되었고 금은 통화로서의 가치를 상실하게 되었다.

금값은 왜 올랐을까

• 역사적인 금 가격의 변동

금 가격이 수직 상승하는 시기가 있다. 바로 1971년 미국이 금태환 제도 폐지를 선언한 직후이다. 사실 1973년과 1979년에 터진 오일쇼크도 마찬가지이지만 미국이 세계경제에 미치는 영향은 매우 크다. 오일쇼크라면 주로 OPEC 회원국들이 담합해서 일어난 것이라고 생각하지만 오일 쇼크가 터진 근본원인을 따져보면 주요한 요인은 미국에 있다.

상황을 더 정확하게 알려면 1960년대에 일어난 베트남 전쟁으로 거슬러 올라가야한다.

당시 미국은 베트남과 전쟁을 하면서 엄청난 전비를 지출했다. 그러면서 가진 금의양보다 훨씬 많은 돈을 찍어내기 시작했다. 이렇게 금 보유량보다 많은 돈이 시중에 흘러 다니자 달러의 가치를 믿지 못하게 된 사람들이 전부 금으로 바꿔달라고 하게 되었다. 당시만 해도 달러는 태환달러였다. 그런데 앞에서도 이야기했듯이 닉슨 대통령이 금태환 제도를 폐지하니 달러의 가치는 떨어질 수밖에 없었다. 달러의 가치가 떨어지면 상대적으로 원유가치는 어떻게 될까? 높아졌다. 원유 가격이 오른 것이다. 또한 달러의 가치가 떨어지니 말할 것도 없이 금 가격도 하늘 높은 줄 모르고 치솟게 되었다. 몇 배라고 할 수도 없을 만큼 순식간에 엄청나게 뛰어올랐다.

1978년 이후 오일쇼크의 여파가 가라앉으면서 금 가격은 일정 수준으로 올라왔고, 2000년대에 접어들기 전까지 수십 년 동안 계속 안정화되었다. 이 이야기는 거꾸로 오일쇼크로 스태그플레이션을 겪은 이후

금 가격이 안정되었다는 뜻이다. 그렇다면 안정된 시기에 금을 가졌던 사람은 좋았을까, 나빴을까? 당연히 나빴을 것이다. 금은 이자나 배당금이 없다고 하지 않았는가. 당시 미국의 주식시장은 주가가 20년간 20배나 올랐다. 그런데 금 가격은 그대로였다. 그러니 이때 금을 전 재산으로 가지고 있던 사람은 바보나 다름없는 것이다.

• 2000년대 금 가격의 변동

20여 년간 안정적이던 금 가격은 2000년대 들어서면서 조금씩 변화를 보이기 시작했다. 2003년부터 금 가격이 조금씩 올라가고 있다. 그 이유는 무엇일까? 이때쯤 미국은 이라크와 전쟁을 치르게 되었다. 전쟁에는 돈이 필요하게 마련이므로 미국은 또다시 달러를 찍어냈고, 당연히 달러의 가치는 하락하고 상대적으로 금 가격이 올라갔다.

그 이후 2008년 서브프라임 모기지론 사태로 불거진 미국의 금융위기를 극복하기 위한 양적완화정책으로 천문학적인 액수의 달러가 인쇄되었다. 이로 인해 달러가치는 하락하고 금시세는 모기지 사태 이후 100%나 급등하여 현재 1 온스 당 1,400원을 넘어서고 있다.

금값이 오르는 것을 이해하기 위해서는 통화량의 증가에 특히 주목해야 한다. 현 미국 FRB 의장인 버냉키는 "헬리콥터에서 달러를 뿌려서라도 경기침체를 막겠다."라고 말했다. 다시 말해서 달러를 무제한으로 찍어내겠다는 뜻이다. 바로 이럴 때 금을 사두어야 한다. 급격한 신용경색으로 인한 경기침체가 우려되고 통화량이 급격히 증가하기 시작하면 무조건 금값이 올라갈 것이기 때문이다.

금 가격과 투자 방법

금가격의 상승 요인은 기본적으로 세계적인 디플레이션이 닥치거나 달러가치가 엄청 하락할 때다. 이럴 때에는 부자가 아니더라도 최소한 자기 자산 중 일부는 금으로 가지고 있어야 한다.

금이야 말로 가치가 변하지 않는 안전자산이기 때문이다.

반대로 금 가격의 하락요인은 세계경제의 활황기에 적절한 통화 환수로 인한 물가 안정이다. 따라서 세계경제가 안정된 후에는 금 보유량을 늘리면 안 된다.

경기가 불안하다고 느껴서 금을 자산으로 가지고 싶다면 어떻게 하면 될까? 우선 가장 단순하게 금은방에 가서 금을 사는 방법이 있다. 장롱 깊숙이 넣어둔 금을 팔지 않고 계속 가지고 있는 것도 방법이다. 또 다른 방법으로 은행에 가서 금 통장을 만들 수 있다. 통장 거래하듯이 각종 금 관련 금융상품을 통해서 적은 금액이라도 국제적인 가격으로 금을 사고팔 수 있다. 물론 이때에도 달러 환율로 인한 리스크를 염두에 두어야 한다. 주식시장에서 금 펀드에 가입하는 방법도 있다. 어떤 방법이든 자신에게 맞는 방법을 선택하면 된다.

제 2 장 외화와 환율

1. 외화란?

외화란? 외국의 통화(通貨)이다. 즉, 한 나라 내에서 쓰는 자기 나라 돈이 아닌 외국 돈을 말한다. 일반적으로는 외국 통화로 표시된 외국환이나 외국 단기증권 등이 포함된다. 대외결제에는 금이 가장 환영되지만 현실적으로는 대부분의 자유주의 국가에서 달러가 사용되고 있기 때문에 외화는 곧 달러라고 해도 과언이 아니다. 따라서 각국은 원활한 대외결제를 위하여 일정액 이상의 달러를 보유하고 있어야만 한다. 그것은 대외결제에 있어 다음과 같이 사용된다. 즉, 자국의 수입업자는 외국환은행에 자국통화를 지불하고 달러를 매입하여 그것으로 외국의 수출업자에게 대금을 결제한다. 또 자국의 수출업자는 외국 수입업자로부터 받아들인 달러를 자국 은행에 매각하여 자국통화로 수출대금을 회수한다. 이같이 자국 통화와 달러는 외국환은행을 통해 서로 교환되고 수수(授受)되면서 대외결제가 이루어진다.

외화는 대외결제를 위해 보유되는 외에, 또 다른 목적에서 보유되는 경우가 있다. 예를 들면 자국 통화에 가치 하락이나 외화로의 전환이 어렵게 될 전망이 보이면, 자본의 손실을 회피하기 위해 자국 통화에서 외화로의 전환이 활발히 이루어진다. 이것이 곧 자본도피이다.

▌외화의 종류▐

원(Won)
대한민국에서 사용

달러(Dollar)
미국 호주 캐나다 홍콩 싱가포르 등에서 사용

유로(Dollar)
프랑스 독일 이탈리아 유럽국가에서 사용

파운드(Pound)
영국 아일랜드 이집트 등에서 사용

위안(Yuan)
중국에서 사용

엔(Yen)
일본에서 사용

루피(Rupee)
인도 파키스탄 네팔 스리랑카 등에서 사용

리얄(Rial)
사우디아라비아 이란 오만 카타르 등에서 사용

페소(Peso)
아르헨티나 칠레 콜롬비아 필리핀 등에서 사용

이 외에도 나라마다 각기 다른 화폐를 사용하므로 전 세계적으로 보면 100종류가 훨씬 넘는 화폐가 있다. 그나마 유럽에서는 현재 12개 나라가 '유로'라는 화폐를 공동으로 만들어 쓰고 있어서 약간은 줄어들었다. 물론 이 나라들은 그 전에 독자적인 화폐를 사용해 왔다. 하지만

2002년 1월부터 유로를 도입하여 2002년 말까지 자국 화폐와 같이 사용하다가 2003년부터는 유로만 사용하고 있다. 유로 지역에 속하는 나라는 오스트리아, 벨기에, 핀란드, 프랑스, 독일, 그리스, 아일랜드, 이탈리아, 룩셈부르크, 네덜란드, 포르투갈, 스페인 등 12개 나라이다. 이 밖에 모나코, 산마리노, 안도라 등 작은 나라는 유로 지역에 속하지 않지만 유로 화폐가 통용되고 있다.

또한 '달러'를 화폐 단위로 사용하는 나라도 미국뿐만 아니라 캐나다, 홍콩, 호주 등 많이 있다. 그러나 이들 나라의 달러는 서로 맞바꾸는데 문제가 있다. 달러라는 이름은 같더라도 전혀 다른 화폐이다. 표시 방법도 미국 달러는 US$, 캐나다 달러는 C$ 등 완전히 다르다.

외환이란? 한 국가의 통화를 다른 국가의 통화로 바꾸는 거래 행위를 의미한다. 즉, 두 국가 간의 환율에 따른 통화교환을 의미하는 것이다. 두 국가 간의 통화가격은 경제적, 정치적 상황에 따라 달라진다. 특히 이자율, 인플레이션, 경제성장률, 그리고 정치적 안정 등에 크게 영향을 받는다. 또한 각 국가의 중앙은행이 직접 환율에 개입하여 환율을 올리거나 내리는 역할을 수행하기도 한다.

▌외환거래의 형태▐

실수요 목적	수입과 지출 해외여행 외국증권거래 국제M&A
투자(수익) 목적	환율 변동의 예측을 통한 수익목적
위험회피 (해지) 목적	수출입에 따른 외화채권·채무에 대한 위험관리 자본거래에 따른 외화채권·채무에 대한 위험관리

외환거래는 각 국가의 중앙은행 뿐 아니라 무역거래, 자본거래 그리고 수익거래를 목적으로 하는 거대 시장 참가자들에 의해 형성되므로 전 세계에서 거래되는 모든 투자상품 중에서 가장 유동성이 풍부한 시장이라고 할 수 있다.

외환거래에서는 매수자와 매도자에게 주문가격을 쉽게 보여주기 위해 환율을 매입율/매도율의 형태로 나타낸다. 이러한 교환비율을 환율이라고 하며 환율은 외환투자에 있어 가장 기본적인 바탕이 된다.

여기서 잠깐 !

외화(foreign currency)는 외국돈을 말하고,

외환(foreign exchange)이란 외국화폐는 물론 외국화폐의 가치를 가진 수표, 어음, 예금 등 일체를 말한다. 그러므로 외환이 외화보다 훨씬 넓은 개념이다.

2. 환율

환율(Foreign Exchange Rate)은 두 나라 돈의 교환 비율을 말한다. 각각 다른 나라에서 발행한 돈을 서로 바꿀 때 적용하는 비율, 곧 통화

간 교환비율이다. 미국 달러와 한국 원의 교환비율이나 일본 엔화와 미국 달러의 교환비율 등. 그런데 우리나라에서 환율이라고 말할 때는 주로 원화와 미국 달러의 환율을 말할 때가 많다. 미국 달러가 기축통화이기 때문이다. 참고로 미국 달러, 홍콩 달러, 싱가포르 달러, 대만 달러, 호주 달러, 뉴질랜드 달러 등 다양하지만, 우리나라에서 달러 환율이라고 할 때는 미국 달러 환율을 말한다.

환율은 그 나라 돈의 대외 가치를 보여준다. 원화의 대외 가치를 알려면, 원화와 다른 통화의 교환비율을 보면 된다.

환율을 표시하는 방법은 환율을 어느 나라 돈을 기준으로 하느냐에 따라 3가지로 표시할 수 있지만, 우리나라에서 흔히 접하는 환율 표시는 '자국통화표시환율'이다. 외화 1단위당 자국 돈을 얼마나 바꿀 수 있는 지를 나타내는 방식이다. 예를 들면, 미국 돈 1달러를 원화 1,000원으로 바꿀 수 있다면 〈₩/US$=1000〉 또는〈US$1= ₩1000〉으로 표시한다.

〈₩/US$=1000〉의 ₩/US$ 뒤에 있는 US$가 기준이다. 미국 돈 1달러를 원화 얼마로 바꿀 수 있느냐이다. 마찬가지로 여러분이 외국 사이트 등에서 〈¥/US$=95〉라고 표시된 것을 보았다면, 뒤의 US$가 기준이므로 1달러를 95엔(¥)으로 바꿀 수 있다는 의미라는 것을 쉽게 알아차릴 수 있을 것이다.

원/달러 환율: 1달러를 1,000원으로 바꿀 수 있다.
₩/US$=1000

원/유로 환율: 1유로를 1,600원으로 바꿀 수 있다.
₩/€=1600
엔/달러 환율: 1달러를 95엔으로 바꿀 수 있다.
¥/US$=95

유로/달러 환율: 1달러를 1.32유로로 바꿀 수 있다.
€/US$=1.32

환율변동성은 크게 기초경제변수의 변화, 새로운 정보에 따른 기대변화, 그리고 투기적 예상에 의해 발생 된다.

첫째, 환율변화는 통화량, 이자율, 소득, 물가 등과 같은 기초경제변수의 움직임에 의해 영향을 받으므로 기초경제변수의 변동성은 환율의 변동성에 영향을 미친다.

둘째, 새로운 정보에 따라 기초경제변수들에 대한 예상에 변화가 생기게 되거나 이런 예상에 대한 신뢰가 어느 정도로 큰가에 따라서 환율 변동성에 영향을 받는다.

셋째, 환율의 변동성은 투기적 예상에 의해 발생될 수 있다.

강세/약세, 환율 상승/하락

- 강세/약세

흔히 달러 강세. 엔화 강세 같은 말을 들어보았을 것이다. 강세란 그 나라 돈의 힘이 세어졌다는 말이다. 앞에서 배운 두 가지 원리를 기억하기 바란다.

① 화폐에 새겨진 숫자는 그냥 숫자일 뿐 가치는 항상 변한다.
② 환율은 두 나라 통화의 교환 가치다.

그러므로 통화 강세는 통화의 힘이 세어져서 상대 통화와 바꿀 때 더 많은 돈을 받을 수 있다는 의미이다. 달러 강세는 흔히 이렇게 표현한다. 다양하게 표현하지만 실제로는 다 같은 말이다.

① 달러가 엔화에 대해 강세를 보였다.
② 달러가 엔화에 비해 올랐다.
③ 달러 가치가 올랐다.

약세란 상대 통화에 비해 돈의 힘이 약해지는 것을 말한다. 그래서 다른 나라와 교역을 할 때 같은 액수로 더 적은 물건과 서비스를 구매할 수밖에 없다.

약세는 흔히 이렇게 다양하게 표현하지만 이 또한 다 같은 말이다.

① 달러가 엔화에 대해 약세를 보였다.
② 달러가 엔화에 비해 떨어졌다.
③ 달러 가치가 떨어졌다.

- **환율 상승/하락**

예를 들어 원/달러 환율이 1,000원에서 1,500원으로 바뀌었다면, 환율 수치가 커졌으므로 '환율이 상승했다.', '환율이 올랐다.' 고 한다. 예전에는 1,000원으로 1달러를 바꿀 수 있었는데, 이제는 겨우 약 67센트밖에 바꾸지 못한다. 원화의 구매력, 즉 힘이 약해진 상태이다. 이처럼 환율이 상승하면 해당 통화의 가치는 하락한다.

원/달러 환율이 1,000원에서 750원으로 바뀐 경우를 보자. 환율 수치가 적어졌으므로 '환율이 하락했다.', '환율이 내렸다.'라고 한다. 예전에 원/달러 환율이 1,000원일 때는 1달러로 바꿀 수 있었는데, 이제 1달러 25센트로 바꿀 수 있다. 이처럼 환율이 하락하면 해당 통화의 가치는 상승한다.

환율의 하락 · 상승이 경제에 미치는 영향

환율의 하락 또는 상승이 우리 경제에 어떤 영향을 미치는지 살펴보자. 환율의 변화가 경제에 미치는 영향은 앞에서 살펴본 환율에 영향을 마치는 요인들을 보면 잘 알 수 있다.

예를 들어 경상수지가 환율에 영향을 미친다면 거꾸로 환율 또한 경상수지에 영향을 미치기 때문이다. 경상수지 흑자로 외환시장에서 달러 공급이 늘어나면 환율이 하락하고, 환율이 하락하면 수출감소와 수입증가로 경상수지 흑자 규모가 줄어들거나 적자로 전환하게 되는 것이다. 이 경우 경상수지 흑자 규모의 감소 또는 적자는 외환시장에서 달러 공급이 줄어들면서 환율이 상승하게 된다.

환율의 변화는 수출과 수입, 국내 물가, 외화표시부채를 가지고 있는 기업 등에 직접적으로 영향을 미친다. 예를 들어 요즘처럼 환율이 하락하는 경우를 생각해보자. 이 경우 달러화로 표시한 수출 상품의 가격이 상승하면서 경쟁국 상품에 비해 판매가격이 비싸질 것이다. 이에 따라 수출이 줄어들거나 경쟁상품을 의식해 판매가격을 그대로 유지할 경우 이익규모가 줄어드는 등 채산성이 급격히 악화될 것이다.

수출 또는 기업의 이익이 줄어들면 성장이 둔화되고 실업자가 늘어나게 될 것이다.

반면 수입업자의 경우 환율하락은 호재 중의 호재이다. 환율하락분

만큼 수입 상품 가격이 하락하기 때문이다. 이에 따라 수입품이 국산품을 대체하면서 관련 업체의 경영이 어려워지거나 부도가 늘어날 것이다. 결국 환율이 하락함에 따라 경제 전체로는 수출은 줄고 수입은 늘어나면서 경상수지가 악화될 것이다. 또 성장률이 떨어지면서 일자리가 줄어들어 실업자가 늘어나게 된다.

▎환율의 변화가 경제에 미치는 영향▎

구분	환율하락(평가절상)	환율상승(평가절하)
수출	수출상품 가격상승 → 수출감소	수출상품 가격하락 → 수출증가
수입	수입상품 가격하락 → 수입증가	수입상품 가격상승 →수입감소
국내물가	수입원자재 가격하락 → 물가안정	수입원자재 가격상승 → 물가상승
외자도입기업	원화 환산 외채감소 (원금상환부담 감소)	원화 환산 외채증가 (원금상환부담 증가)

* 자료: 한국은행, 〈알기 쉬운 경제지표 해설〉

다른 한편으로 환율하락은 원자재의 수입 비중이 높은 기업들에게 좋은 여건을 만들어준다. 환율하락에 따른 수출 가격(달러 표시)의 하락은 수출상품 제조원가의 감소를 통해 어느 정도 상쇄할 수 있다.

이 외에도 환율하락은 외국으로부터 돈을 빌려 쓰고 있는 기업의 경우 원금상환부담(원화 표시)이 줄어드는 선물을 가져다준다. 줄어든 원금상환부담은 제조원가의 하락으로 이어져 수출은 물론 국내 소비재 가격을 떨어뜨리는 역할을 한다. 이에 따라 국내 물가의 전반적인 안정에도 기여하게 된다.

다양한 환율의 종류

환율은 기준에 따라서 여러 가지 종류가 있다. 여기서는 기축통화와의 교환 비율인지 아닌지에 따라 나누는 '시장환율'과 '재정 환율'에 대해 알아본다.

3. 시장환율/재정 환율

시장환율과 재정 환율은 한국에서 원화와 달러/엔/유로/위안 환율의 움직임을 이해하고 앞으로의 방향을 예측하는 데 무척 중요한 개념이다. 시장환율과 재정 환율의 영향에 대해서는 앞으로 차차 배우니 여기서는 그 개념만 이해하도록 한다.

- **원화와 달러를 바꿀 때는 '시장환율'**

일반적으로 기축통화와 교환비율은 시장에서 직접 거래되므로 '시장환율'이라고 한다. 기축통화란 국제금융거래, 또는 무역거래에서 결제의 수단으로 이용되는 기본통화를 말하는데 미국 달러나 유로가 이에 해당된다. 예를 들면 달러는 기축통화이므로 달러 대 원화 환율은 시장환율이다.

- **원화와 엔화를 바꿀 때는 '재정환율'**

반면에 시장에서 거래되지 않는 통화와의 교환비율은 '재정환율' 이라고 한다. 재정환율은 기축통화와의 교환비율을 기초로 산출된다. 기축통화가 아닌 한국 원화와 일본 엔화의 교환비율이 어떻게 정해지는지 알아보자.

먼저 기축통화인 달러와 원화의 교환비율이 정해지고, 달러와 엔화의 교환비율이 정해지면, 원화와 엔화의 교환비율은 비례식으로 산출할 수 있다. 예를 들어 원/달러 시장(기준)환율이 달러당 1,000원이고, 엔/달러 기준 환율이 달러당 100엔이면, 원/엔 환율은 1,000원/100엔, 즉 엔당 10원이 된다.

❚ 재정환율을 결정하는 원리 ❚

달러: 원 환율	달러: 엔 환율	엔: 원 환율(원)
1:1,000원	1:100엔	1:10원

* 달러대 원, 달러 대 엔의 교환 비율을 각각 정한 다음, 비례식으로 엔 대 원화 환율을 산출한다.

유로는 기축통화이지만 현재 원화와 유로를 바로 바꿀 수 있는 시장이 없다. 그래서 유로환율도 시장환율이 아닌 재정환율로 취급한다. 즉, 달러 대 원, 달러 대 유로의 교환비율을 비례식으로 하여 원 대 유로의 가격을 산출한다.

4. 외국환 은행에서 사용하는 환율의 종류

이번에는 외국환 은행에서 상용하는 환율의 종류를 살펴본다. 요즘은 은행들도 고객들을 위해 '현찰 사실 때' 등 쉬운 말로 표시하는 경우가 많다. 하지만 매매 기준율, 현찰 매도 환율 등은 환율 관련 기사 등에서 툭툭 튀어나오는 단어들이니 일단 알고 넘어가자.

① 매매 기준율 | 은행마다 기준 환율은 조금씩 다르다.
각 외국환 은행이 외환시장에 참여하여 조달한 외화 가격을 평균화한 환율을 말한다. 외국환 은행은 하루에도 여러 차례 시장에 참여하는데 그때마다 시장환율이 다르므로, 시장환율이 변동하면

은행마다 매매기준율이 달라질 수밖에 없다.

② 현찰 사실 때 | 현찰 매도 환율 - 은행이 외화 현찰을 고객에게 팔 때

현찰 매도 환율은 은행이 보유하고 있는 외화를 현찰로 고객에게 매도할(팔)때 적용하는 환율이다. 여러분이 은행에서 달러를 현찰로 살 때는 은행의 입장에서는 가진 달러를 파는 것이 되므로 이 현찰 매도 환율을 적용 받는다.

현찰 매도 환율은 은행이 매매기준율에 적당한 취급 수수료를 가산하여 책정하는데, 은행마다 다소 차이가 있다. 원/달러 매매기준율이 1,200원이면 현찰 매도 환율은 1,220원 정도다.

차액 20원, 즉 현찰 수수료에는 외화를 한국에 가져오기 위해 비용, 수송 과정의 위험에 대비하여 가입하는 보험료, 원화를 외화로 교환하여 보유하는 데 따른 기회비용 등이 포함된다.

③ 현찰 달러 파실 때| 현찰 매입 환율 - 은행이 고객으로부터 현찰 외화를 살 때

현찰 매입 환율은 은행이 고객으로부터 현찰 외화를 매입할(살) 때 적용되는 환율이다. 여러분이 달러를 가지고 원화로 환전할 때 적용되는 환율이다. 현찰 매입 환율은 매매기준율에서 수수료만큼 공제한 가격으로 정해진다. 은행의 원/달러 매매 기준율이 1,200이면, 여러분이 현찰 달러를 팔 때는 1,180원 정도로 받는다.

④ 송금 보내실 때| 전신환 매도 환율

전신환 환율(T/T: Telegraphic Rate)은 종이 형태의 여행자수표나 실제 돈이 아니라 전산(전신)상으로 거래할 때 적용하는 환율이다. 요즘은 쉽게 '송금환율'이라고도 한다. 전신환 매도 환율은 은행이 외화를 전산 상으로 고객에게 팔 때 적용하는 환율이다. 은행에서 원화를 달러로 바꾸어 외화 예금을 들거나, 외국으로 송금을 할 경우 이 환율을 적용 받는다.

전신환 매도 환율은 매매기준율에 가산되는 수수료가 현찰 매도 환율보다 상대적으로 낮다. 은행 입장에서는 현찰 수송에 따른 보험료도 필요 없고, 외화를 현찰로 보유하지 않아도 되므로 기회비용도 발생하지 않기 때문이다.

⑤ 송금 받으실 때| 전신환 매입 환율

은행이 고객이 가지고 있는 전산 상태의 외화를 매입할 때 적용되는 환율이다. 외국에서 송금 받은 외화를 원화로 바꾸거나 예금해 두었던 외화를 원화로 바꿀 때 이 환율을 적용 받는다.

⑥ 외화 수표(T/C) 매매율

외화수표를 매매할 때 적용되는 환율이다. 외화수표는 현찰외화에 비해 매매 수수료가 적은 편이다. 그리고 혹시 분실했더라도 발행한 은행에 신고하면 보전을 해 주므로 여러 모로 편리하다.

은행마다 외환시장에 참여하는 시간과 외환 취급 비용이 달라 매매기준율이 다르다. 또한 엔, 유로, 파운드 같은 재정환율을 적용 받는 외화는 은행에 따라 수수료가 1.5~3%로 각각 다르다. 외환시장 동향과 은행 간의 수수료 차이를 잘 살피면 상대적으로 유리하게 매매를 할 수 있다. 아울러 인터넷 뱅킹을 통해서 외화를 구입하거나 팔면 수수료가 더 저렴하다. 은행에 따라 다르지만, 사이버 환전 서비스를 이용할 경우 대체로 수수료가 50% 정도 저렴하다. 은행에서 외화 통장을 개설한 다음 해당 홈페이지에 접속하여 사이버 환전 서비스에 등록하면 된다.

5. IMF

금융위기란?

금융위기는 시기와 장소 그리고 해당국의 경제여건에 따라 다양하게 출현하기 때문에 한마디로 정의하기란 그렇게 쉽지 않다. 금융위기란 금융시장에서의 차입과 대출을 위시한 자금거래가 불가능한 사태에 이르면서 금융시장의 자금경색, 외환시장의 수급불균형, 주식시장의 붕괴 등이 금융시스템 전반에 걸쳐 전개되는 상황으로 정의 할 수 있다.

금융위기의 발생요인

- 금융위기 상황에서는 오랫동안 누적된 금융시장의 왜곡현상이 한 순간에 폭발
- 위기발생이 실물경제 전반에 걸쳐 급속히 확산
- 금융위기가 발생하는 경우 주가, 금리, 환율을 위시한 금융자산 가격이 급변동하는 등 금융시장에서의 과민반응이 발생 후 금융 불안이 계속해서 반복
- 기업도산과 금융 불안 간에 악순환의 상황이 전개

▌한국 금융위기의 원인이 된 구조적 및 일시적 요인▐

구조적 요인	일시적 요인
· 실물경제의 장기불황 – 국내기업들의 과다한 외화차입 – 국제수지 적자 확대 : 소수 수 출품목에 의존하는 경제구조 – 과잉, 중복투자의 누적 : 예컨대 철강, 자동차 산업 · 금융의 정보생산 기능 취약 – 금융중개 기능의 비효율성 – 대출심사의 불투명성 · 과도한 금융규제 – 담합적 규제, 왜곡된 규제 · 정책실패 – 정책판단의 오류 – 정책집행의 실기 – 금융에 대한 지나친 간섭 – 외환관리 능력의 부족	· 경기회복 불투명 – 대기업 연쇄도산 – 금융기관 부실채권 폭증 · 불경기 속의 과도한 신용팽창 – 한은특융, 구제금융 남발 – 금융자산시장의 가수요 · 통화정책의 불확실, 금융감독 부실 – 주식시장, 외환시장의 정책실기 – 금융감독 강화의 실기 – 금융실명제 논란 · 한계 금융기관 속출 – 종금사 도산 우려 심화 – 은행의 인수, 합병설 난무

금융위기 발생의 요인은 오랫동안 구조적 왜곡 요인(실물경제의 장기불황, 금융정보기능의 취약, 과도한 금융규제, 정책실패 등)과 일시적 요인(경기변동, 경기확장기의 과도한 신용팽창, 통화정책의 불확실, 감독의 부실, 일부 금융기관의 도산 등)이 함께 결합되어 일어나는 것이다. 그런 의미에서 금융위기는 한마디로 시장의 실패와 정책의 실패 등이 복합적으로 작용하여 일어난다고 볼 수 있다.

금융위기의 전개

금융위기의 진행과정은 단계에 따라 대체로 몇 가지 주요한 특징을 보인다.

제1단계 : 부도기업이 확산되고 신용여신이 급속히 줄어들어 신용경색이 일어나는 상황에서 금융기관의 부실채권이 급증하고, 장단기금리가 급등하며 주가폭락 및 환율폭등이 동시에 진행된다.

제2단계 : 금융불안 심리가 확산되면서 신용경색이 가중되고 가격하락에 대한 기대심리의 팽창으로 외환 및 주식시장에서 투매 또는 가수요 등이 발생하여 가격폭락을 가속화시킨다.

최종단계 : 해외 자금조달이 중단되고 금융기관의 도산이 발생되면서 해외자본의 대량유출 및 수급불균형이 일어난다. 이것이 금융의 불안정을 심화시켜 결국 금융시스템 자체가 마비되는 현상을 보인다.

한국의 금융위기는 어디에서 왔는가?

한국 금융위기의 요인은 경기회복이 불투명하고 매출부진과 재고증가가 계속되면서 자금애로에 직면한 대기업 및 중견기업의 연쇄부도가 발생한 데서 찾을 수 있다. 이들 기업의 연쇄부도와 한계기업들의 부도설까지 시중에 소문이 나돌면서 금융기관의 대출기피 및 대출회수가 앞당겨지자 주식시장, 외환시장, 자금시장이 줄줄이 불안과 혼란으로 빠져들었다. 주식시장에서의 대량자금이탈, 특히 외국인 투자가의 자금이탈은 외환시장의 수급불균형을 극도로 악화시켰으며 이에 따라 자금시장이 최악으로 경색되는 상태에 이르렀다. 위기에 직면한 경제에 대해 정책당국의 미숙한 처방과 정책대응은 심리적 불안만을 더욱 가중시킴으로써 기업의 도산, 금융기관 부실채권의 급속한 팽창, 기업과 금융기관의 해외신용도 추락에 따른 외화자금조달의 봉쇄, 정부의 정책실기와 불투명성에 따른 국가신용도의 동반하락이 한국경제를 궁지에 몰리게 하였다.

주식시장의 위기	– 거시적 측면 : 금리와 환율의 급상승에 따른 경제 및 금융의 불안 / 대외적으로 동남아 금융위기가 국내 주식시장에 영향
	– 국내 : 기업의 과잉투자에 따른 누적된 부실
외환시장의 위기	– 경상수지의 적자심화, 종금사의 외화차입난, 일본계 은행의 결산에 따른 자금회수, 외화자금 가수요 – 외국 금융기관 및 투자자들이 핫머니(hot money) 등 단기성 투자 또는 대출자금을 회수하면서 국내에서는 심각한 달러화 부족현상 초래 – 정부의 외환관리 실패와 경제위기 관리의 미숙
자금시장의 위기	– 기업의 연쇄부도로 외국은행들의 자금회수가 시작되고 외화자금난은 갈수록 심화

이렇게 자금·외환·주식시장이 상호 악영향을 미치면서 전체 금융시스템이 무너지는 지경이 되었고, IMF 구제금융 신청이 불가피해진 것이다.

금융위기 대처 방안

• IMF차원의 한국 외환위기 극복방안

– IMF 스스로 신속히 구제금융을 전개하여 한국의 고갈된 외환보유고를 복원하면서 긴급한 대외결제에 대처하여 한국정부의 대외신용을 높이고 이를 기반으로 나른 국가의 구제금융과 채무, 특히 단기채의 상환기한 연장을 유도하여 외환위기를 해소하고자 한다.

– IMF는 한국의 긴축정책을 통해 경상수지를 개선시키고 물가를 억제하여 환율을 하락시켜 한국의 채무상환능력을 높이고자 한다.

– IMF는 외환위기가 금융기관의 불건전한 자산운용 등 방만한 기업경영에서 비롯된 것을 중시하며 금융산업의 구조를 재편하고 기업의 지배·경영구조를 재편하여 금융기관과 기업의 건성성과 투명성을 확보하여 금융기관과 기업의 대외신용을 높이고자 한다.

– IMF는 한국의 시장을 전면적으로 개방하여 외국의 투자가 한국에서 자유롭게 이루어질 수 있도록 각 부문의 규제를 철폐하고 구조를 조정한다는 프로그램을 제시하고 있지만 이것은 한국정부가 일관되게 유지해 왔던 시장의 점진적·단계적 개방방침과 배치되는 것이고 또한 외환위기 극복과도 직결되는 것이 아니다.

– IMF 프로그램은 외환위기를 계기로 한국의 시장개방을 가속화시키는 또 다른 목표를 가지고 있는 것이 사실이다.

한국 정부 차원의 극복방안

– 정부가 방만했던 재정지출을 줄이고 국민의 조세부담을 실질적으로 줄이기 위해서는 공기업에 속하는 정부투자기관의 구조조정이나 각종 기금의 정리도 병행해야 할 것이다.

– 통화긴축이 과도하여 물가안정에는 크게 기여하지 않으면서 고금리만 초래하여 경기침체 내지 기업도산을 가져올 정도라면 부담만을 가중시키는 통화긴축의 강도를 수정해나가야 할 것이다.

– 정부는 시장의 공정하고 생산적인 질서와 규율을 확립하기 위해 각종 제도의 정비에 나서야 할 것이고, 기업경영의 부담을 줄이기 위한

제도개혁에도 지속적인 노력을 기울이면서 새로운 시대에 맞는 산업정책 방향을 설정하고 그 수단도 개발해 가야 한다.

– 기업의 투명성과 안정성이 다른 조건보다도 금융시장에 접근할 수 있는 가장 중요한 조건이 되도록 금융기관의 대출관행은 물론이고 증권시장의 상장요건, 정부 및 금융기관의 보증요건에 대한 전면적인 재검토를 진행시키고 이에 근거하여 기업신용평가의 수준을 한 단계 높일 수 있는 다각적인 방안을 강구하여 실행해야 할 것이다.

– M&A가 당사자간의 협의 속에서 점진적으로 진행될 수 있도록 해야 할 것이고 이들의 인수 및 합병이 특혜적인 조치를 포함하여서는 안될 것이다. 특히 건실하고 유망한 기업이 단지 유동성 때문에 흑자도산하여 헐값으로 외국인에게 넘어가지 않도록 정부가 금융기관의 대출, 어음할인, 신용장 개설 등 기업금융업무를 정상적으로 지원하면서 고리의 대출을 일삼는 부실금융기관부터 신속히 정리해나가야 할 것이다.

– 외국자본의 급속한 유출입을 통제하거나 이 충격을 완화할 금융시장, 증권시장, 외환시장의 육성에 나서야 할 것이고 이러한 시장의 규율도 정비해야 할 것이다.

– 통화량, 금리, 환율 등의 탄력적인 운용과 함께 그 수급의 관리와 정책수단의 개발에도 관심을 가져야 할 것이고 이를 위한 국제적 정책협력체계도 정비해야 할 것이다.

한국기업 차원의 극복방안

기업은 정부의 정책적 지원에 의해 기업경영 여건이 개선되는 것을 기대하기보다는 스스로 인사·조직·재무·생산·시장 등 각 부문의 경영혁신 등을 통해 경영기반을 강화해야 할 것이다.

Tip 금융위기 때 채권으로 돈을 벌 수 있다.

채권금리와 채권가격은 반대방향으로 움직인다.

채권의 표면금리와 시장금리

채권금리와 채권가격의 상관관계에 대해 설명하기 전에 우선 채권금리가 어떤 것인지에 대해 알아보자. 채권에는 두 가지 종류의 금리가 있다. 개별채권의 '표면금리(쿠폰금리)'와 전체시장의 '시장금리'가 그것이다. 예를 들어 홍길동은 액면금액이 100억 원이고 만기가 3년인 A 채권을 가지고 있다고 해보자. 그런데 이 채권은 3년간 매년 5억 원의 이자를 준다. 이 경우 A채권의 표면금리는 5%(이자 5억/원금 100억)이다. 반면 시시각각 변하는 전체 채권시장의 금리를 채권의 시장금리라고 한다. 채권은 일반적으로 고정금리이기 때문에 아무리 채권의 시장금리가 변해도 홍길동은 처음에 정해진 표면금리 5%의 이자만 받게 된다. 마치 대출(시장)금리는 올랐다 내렸다 하지만 고정금리 대출을 받은 사람은 계속해서 정해진 고정금리 이자만 지급하면 되듯이 말이다.

채권금리와 채권가격은 반대로 움직인다.

여기서 말하는 채권금리란 시시각각 변하는 채권의 시장금리를 말한다. 상기 A채권의 예를 다시 들어보자. 채권금리(시장금리)사 5%에서

2%로 떨어졌다고 해보자. 그럼에도 홍길동은 5%(표면금리)의 채권이자를 받는다. 이 경우 모든 사람이 A 채권을 탐낼 것이다. 다른 곳에 100억을 투자하면 이자를 2%밖에 못 받지만, 홍길동의 100억짜리 A 채권을 매입하면 5%나 받을 수 있으니깐 말이다. 그러다 보니 너도나도 홍길동을 찾아가 A 채권을 팔라고 매달릴 것이다.

(채권수요의 증가) 그러자 홍길동은 이렇게 말한다. "그토록 내가 가진 A 채권이 갖고 싶은가? 그럼 100억이 아니라 110억을 달라 그럼 A 채권을 팔겠다." 그래도 사람들은 3%의 추가수익을 먹을 수 있으니 채권을 살 것이다. 결국, 채권금리가 5%에서 2%로 떨어지니 채권가격이 100억에서 110억으로 오르게 된다. 자연스럽게 채권금리와 채권가격이 반대로 움직이게 되는 것이다.

채권금리와 채권가격은 반대로 움직인다.

여기서 말하는 채권금리란 시시각각 변하는 채권의 시장금리를 말한다. 상기 A채권의 예를 다시 들어보자. 채권금리(시장금리)사 5%에서 2%로 떨어졌다고 해보자. 그럼에도 홍길동은 5%(표면금리)의 채권이자를 받는다. 이 경우 모든 사람이 A 채권을 탐낼 것이다. 다른 곳에 100억을 투자하면 이자를 2%밖에 못 받지만, 홍길동의 100억짜리 A 채권을 매입하면 5%나 받을 수 있으니깐 말이다. 그러다 보니 너도나도 홍길동을 찾아가 A 채권을 팔라고 매달릴 것이다. (채권수요의 증가) 그러자 홍길동은 이렇게 말한다. "그토록 내가 가진 A 채권이 갖고 싶은가? 그럼 100억이 아니라 110억을 달라 그럼 A 채권을 팔겠다." 그래도 사람들은 3%의 추가수익을 먹을 수 있으니 채권을 살 것이다. 결국, 채권금리가 5%에서 2%로 떨어지니 채권가격이 100억에서 110억으로 오르게 된다. 자연스럽게 채권금리와 채권가격이 반대로 움직이게 되는 것이다.

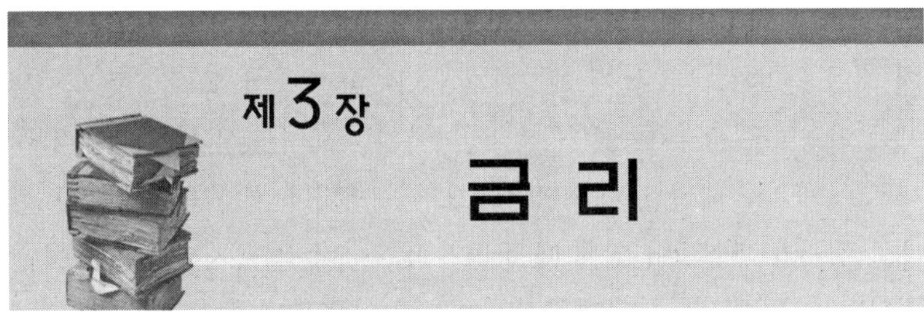

1. 금리란?

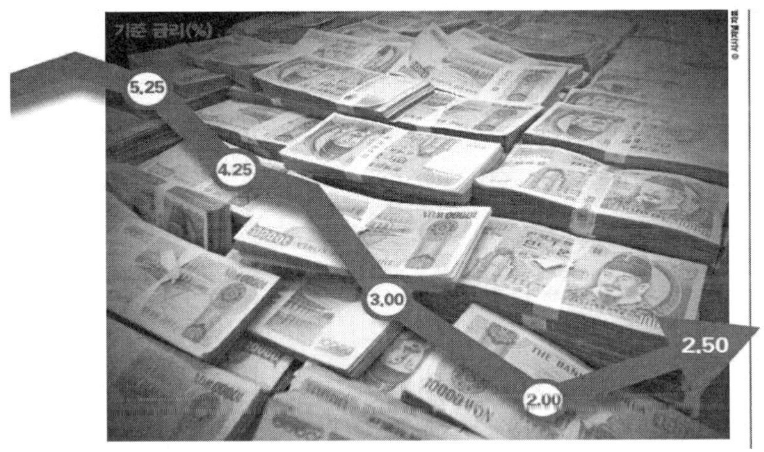

금리는 이자, 즉 돈을 빌릴 때 들어가는 비용이다. 금리가 높다는 것은 돈을 빌릴 때 이자를 많이 줘야 한다는 말로 돈의 가격이 비싼 것이고, 반대로 금리가 낮다는 것은 돈의 가격이 싸다는 말이다.

이처럼 금리는 금융시장에서의 자금의 수급관계에 의하여 결정되는 원칙이지만, 한 국가의 금리 결정을 자유로운 수급관계에만 완전히 맡겨 두면 금리가 너무 높게 책정되거나 급격한 변동이 생기는 등 국민경제에 악영향을 줄 수도 있다. 즉, 경기가 침체되어 있을 때 금리 수준이 너무 높게 나타나면 투자나 소비수요가 억제되어 경기가 침체되고, 반대로 경기가 과열되어 있을 때 금리가 낮은 수준을 유지하면 경기를 진정시킬 수 없게 된다. 또한 금리의 변동이 너무 심하면 기업가의 투자에 대한 의사결정이 어렵게 되어 투자의욕을 저하시키게 된다.

이러한 이유로 정부나 중앙은행은 경기 동향이나 경제실정에 맞추어 금리를 적절하게 조정하고 있다. 참고로 정부나 한국은행이 금리를 변동시키는 방법으로는 재할인율 정책, 지급준비율정책, 공개시장조작 등을 이용하고 있다.

우리나라에서는 그 동안 금융기관의 예금과 대출금의 금리를 정부와 한국은행에서 직접 규제하였으나 금융시장의 여건 등이 성숙해짐에 따라 1988년 12월에 금리자유화 조치를 시행하게 되었고, 이후 1997년 7월 4단계 금리자유화가 시행됨으로써 대부분의 금리가 자유화되었다. 이에 따라 대부분의 여신금리는 금융기관이 시장의 수급 사정을 감안하여 자율적으로 결정할 수 있게 되었고, 수신금리 또한 금융기관이 자율적으로 결정할 수 있게 되었다.

경제의 흐름을 알기 위해 우리는 보통 경제기사를 많이 읽는데, 경제정보의 홍수 속에서 가장 중요한 것은 단연 금리이다. 이유는 크게 두 가지를 들 수 있다.

첫째, **금리는 경기와 직결**되어 있다. 경기가 호황일 때는 소비자는 더 많이 소비하고, 기업은 더 많이 생산한다. 모두가 좀 더 비싼 값을 치르면서도 많은 돈을 활용하려고 하기 때문에 금리가 점점 높아진다.

그런데 금리가 계속 올라가다 보면 사람들이 돈을 빌리는데 부담을 느끼고, 기업들도 높은 금융비용으로 인해 자금압박을 받기 시작한다. 이런 식으로 높은 금리는 경기침체로 이어진다. 소비가 위축되다 보니 생산도 활발하지 않다. 기업들은 투자에 소극적이 되고, 가계도 소비를 줄여 나간다. 돈의 수요가 줄어들어 금리도 서서히 내려간다.

이렇게 금리에 따라서 경기의 순환이 일어나기 때문에 현재 금리가 올라가는 중인지 내려가는 중인지를 알면 경기의 국면을 대략적으로 파악 할 수 있다.

둘째, **금리는 재테크의 기본 중의 기본**이다. 재테크가 복잡한 것 같지만 간단히 말하면, 남는 자금을 채권, 주식, 부동산 세 가지 자산에 어떻게 배분하여 투자할 것인지에 대한 문제이다. 이때 투자의 가장 중요한 결정 요인이 바로 금리이다.

먼저, 금리가 오르면 주식의 매력도가 떨어진다. 채권을 사면 높은 수익을 얻을 수 있기 때문에 변동성과 위험성이 높은 주식에는 투자하지 않는 것이다. 채권수요가 많아지면 금리가 하락하면서 기업들이 수익을 내기 쉬워지고, 투자자들은 채권보다는 주식 쪽에 매력을 갖게 될 것이다. 부동산도 마찬가지로 저금리일 때에는 투자가 활성화되어 가격이 올라가지만, 고금리일 때는 수요가 급격히 감소하게 된다. 특히 부동산은 차입금의 비중이 높기 때문에 금리에 더욱 민감하다.

금리와 환율의 관계

• 금리와 환율

일반적으로 환율과 금리는 서로 반대되는 움직임을 보인다. 즉, 환율이 오르면 금리는 떨어지고 금리가 오르면 환율은 하락한다.

외국투자가의 입장에서 볼 때 국내금리의 상승은 국내금리와 해외금리의 차이를 확대시킨다. 외국투자가로서는 국내금리가 곧 수익률을 의미하므로 상대적으로 고수익을 올릴 수 있는 우리나라에 투자하게 되고, 그만큼 달러 공급이 늘어나게 된다.

국내 기업이나 금융기관 입장에서도 국내금리의 상승은 돈을 원화로 보유하는 것이 달러화로 보유하는 것보다 훨씬 큰 이득을 가져다준다. 달러예금이 6%이고 시중금리가 20%이면 달러화를 갖고 있을 경우 14%포인트의 금리차를 손해 보게 되므로 달러를 시장에 내놓게 된다.

금리가 올라가면 기업투자와 민간소비가 줄어들어 수입도 감소하고 자본유출도 축소된다. 반면에 금리가 하락하면 금리상승기와 반대로 움직여 환율을 상승한다.

그러나 이와 같은 환율과 금리가 서로 반대로 움직이는 상황은 경제가 극히 안정적일 때나 볼 수 있다. 실제 현재 국내 상황에서는 환율과 금리가 비정상적으로 움직이는 상황을 보이고 있다.

현재 환율은 달러의 수요·공급 이외에 금융기관과 기업의 외환수급 전망, 향후 경상수지 전망 등에 따라 불안하게 움직이고 있다. 반면에 금리는 각종 위험프리미엄과 신용경색 등에 따라 비정상적으로 높은 상태를 유지하고 있다.

예를 들어 정상적인 상태에서 금리(회사채 금리 기준)는 소비자물가 상승률과 경제상승률을 더한 수준에서 크게 벗어나지 않는다.

하지만 1998년 초 물가상승률은 87%이고 경제성장은 거의 없었는데도 회사채금리는 21%대에 달했다. 국가위험프리미엄, 기업부도 가능성, 통화긴축과 금융권의 신용경색 등이 복합적으로 작용해 금리를 10% 포인트 이상 높였다는 것이다.

따라서 이러한 상황에서는 환율을 낮추어도 경제의 불안요인이 제거되지 않는 한 금리하락은 기대하기 어렵다는 결론에 도달한다.

금리와 주가의 관계

• 금리와 주가

주가는 1주당 이익과는 정비례의 관계에 있고 금리와는 반비례의 관계에 있다고 할 수 있다.

금리의 변동은 주식투자자의 기대수익률을 변경시킴으로써 주가에 영향을 준다. 즉, 주식투자자가 일정 시점에서 기대하는 평균수익률과 금리와의 차이는 대체로 일정하므로 금리가 인상되면 기대수익률이 올라가 주가는 떨어지게 되고, 금리가 인하되면 기대수익률도 내려가 주가는 오르게 된다.

금리변동의 효과는 기업의 수지에도 영향을 준다. 예를 들어 금리의 인상은 금융비용을 증가시켜 원가를 상승시키기 때문에 기업수지를 악화시키는 요인으로 작용하여 주가를 떨어뜨리는 중요한 요인이 된다. 따라서 기업은 인상된 금리수준 혹은 그 이상의 배당을 하지 않고서는 주가상승을 기대하기가 어려울 것이다. 반대로 금리인하의 경우에는 주가가 상승하게 된다.

금리는 경제 전반에 미치는 영향이 크기 때문에 자금시장에서 결정되기보다는 정책 당국에서 경기 동향이나 경제 실정에 맞추어 직 · 간접으로 금리수준을 결정하는 것이 보편적이다. 즉, 경기가 침체되어 투자나 소비수요가 부진할 때에는 금리를 낮추어 경기부양을 도모하고, 과잉투자의 우려가 있을 경우에는 금리를 올려 경기과열을 방지한다. 또한 실물투기의 우려가 있으면 금융저축의 증대를 위하여 금리인하를 억제하거나 금리인상을 유도하게 된다.

금리가 주가에 미치는 영향

금리도 환율과 동일하게 종합주가지수와는 반대방향으로 움직인다. 따라서 금리가 상승하면 종합주가지수는 3개월 내지 5개월까지는 일시적으로 오르기도 하지만, 그 이후부터는 지속적으로 떨어지는 현상을 보인다.

즉, 금리가 상승하면 그만큼 기업들의 금융비용을 증가시켜 이익을 감소하기 때문에 주가는 하락한다. 또한 주식시장의 자금이 이자를 많이 주는 금융기관이나 채권 매입 쪽으로 몰리기 때문에 주식에 대한 공급이 증가하고 수요는 감소하므로 주가는 하락한다.

금리와 물가의 관계

- 금리와 물가

경기가 좋아지게 되면 물가가 상승하게 되고, 물가가 상승하게 되면 정부는 물가를 안정시키기 위해 금융긴축을 실시하게 된다.

결국 물가의 상승은 금리의 상승으로 연결된다. 즉, 물가가 상승하게 되면 제품에 대한 수요가 공급보다 많아지게 되어 물가가 상승하게 되고, 물가가 상승하게 되면 사람들이 물건을 미리 사게 되므로(사재기 등) 자금의 수요가 증가하게 된다.

이처럼 자금의 수요가 늘어나서 공급이 이에 따라가지 못하게 되면 금융기관은 대출금리를 인상하게 된다. 이렇게 금리가 올라가게 되면 기업들은 비싼 금리를 물게 되므로 신규투자를 줄이게 되고 결국 생산이 축소되게 된다.

금리가 인상되고 생산이 축소되면 일반인들은 씀씀이를 줄이고 저축을 늘리게 된다. 저축이 증가하고 소비가 줄면 결과적으로 물가가 떨어지게 된다. 이러한 물가 하락은 금리의 하락을 부르게 되며, 금리의 하락은 다시 돈의 가치를 상승시켜 경기가 상승하게 된다.

이러한 일련의 사이클을 도표로 살펴보면 다음과 같다.

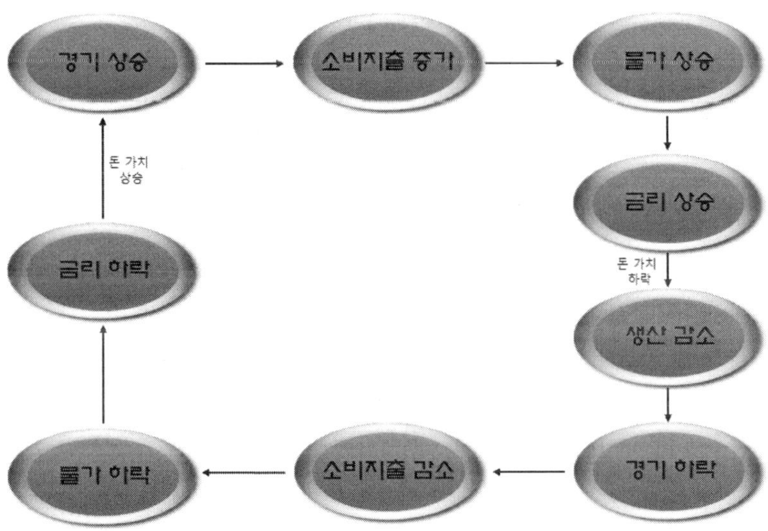

2. 금리와 경제

금리가 올라가면 소비에도 악영향

부동산관련대출 이외에 나머지 40%정도의 가계대출도 금리의 영향을 받기 때문에 금리가 올라가면 소비에도 악영향을 미친다. 금리가 올라가면 금융부담이 올라가는데 따른 소비위축 효과도 있지만, 심리적 부담감에 따른 소비위축 효과도 겹치게 된다. 특히 외환위기 이후 주택 관련대출을 중심으로 가계대출이 급증했기 때문에 금리인상이 겹칠 경우 개인들은 금융부담을 이중으로 안게 되는 셈이다.

뿐만 아니라 돈을 빌려 쓰는 입장에 있는 기업의 경우 금리인상은 투자에 직접적인 악영향을 미친다. 예상 수익률이 금리보다 낮은 경우 아예 투자를 포기하는 것은 물론, 이미 빌린 돈에 대한 금융부담이 높아지는 것도 투자를 위축시키는 역할을 하기 때문이다.

금리는 자금을 조절하는 '경제 다목적 댐'

경제는 물론 금융시장에도 영향이 큰 금리를 적절한 수준으로 유지하는 것은 매우 중요하면서도 어려운 일이다. 어느 수준이 적절한가도 문제지만 그 적절한 수준을 유지할 수 있느냐 하는 것도 문제다. 더욱이 경제주체마다 이해가 엇갈려 금리에 대한 목소리는 제각각이다. 예금자는 높은 금리를 받고 싶지만 돈을 빌려 쓰는 기업 입장에서는 낮은 금리를 선호한다. 정부 내에서도 각각의 부처에 따라 다른 의견을 내놓는다.

이에 따라 대부분의 나라는 중앙은행을 만들어 정치적·사회적 영향을 받지 않으면서 독립적으로 금리정책을 수행하도록 하고 있다. 우리나라에서는 한국은행이 중앙은행으로서 콜금리를 올리고 내리면서 시중금리를 적절한 수준으로 유지하고, 물가 및 경제를 안정시키는 책임을 맡고 있다. 가뭄이나 홍수에 대비해 미리미리 수위와 흐름을 적절히 조절해야 하는 일이다.

수위를 금리라고 하면 물의 흐름은 돈의 흐름이라고 할 수 있다. 일단 한국은행이 수위(금리)를 낮추면서 물을 좀 더 내려 보내면 댐의 영향권 내에 있어 농업·공업·가정 용수(자금)가 큰 문제없이 잘 흘러 다니게 되는 것이다. 물론 물이 잘 흘러 다니기 위해서는 중간저수지와 수로 등이 필요한 것처럼 다양한 금융시장과 또 참여하는 금융기관들이 제 나름대로의 역할을 해야 할 것이다.

금리정책은 줄타기 곡예

중앙은행의 금리정책은 곧잘 '줄타기 곡예'에 비유된다. 금리가 너무 낮아도 너무 높아도 문제가 되므로 아슬아슬한 줄타기와 같다는 뜻이다. 중앙은행이 언제 얼마나 금리를 조절해야 하는지에 대한 공식이 없기 때문이기도 하다.

뿐만 아니라 금리를 올린다고 해서 금방 소비나 투자가 변하는 것이 아니라 시간을 두고 서서히 영향을 미친다. 마치 댐에서 물이 흘러나와 논이나 밭을 적시는 데까지는 상당히 시간이 걸리는 것과 같다. 따라서 중앙은행은 통상 6~12개월 앞의 경제 상황을 내다보면서 선제적(preemptive)으로 금리정책을 수행한다.

중앙은행이 금리의 높낮이를 제때 잘 조절하면 경제는 안정적 성장을 지속할 수 있다. 반대로 금리정책을 잘못 시행하면 인플레이션에 시달리거나 성장률이 침체하면서 실업이 늘어나는 등 온 국민이 고통에 빠지게 된다. 예를 들어 부동산 가격이 급등하는 것도 한국은행이 너무 오랫동안 낮은 금리를 유지하면서 돈을 많이 풀어놓은 정책실패 때문이라고 볼 수 있다.

요즘처럼 금융과 경제가 불안할 때 한국은행이 금리정책의 줄타기 곡예를 잘해줘야 우리 경제가 다시 한 번 비상할 수 있는 기회를 가지게 될 것이다.

Part 02 돈 벌기

"성적이 나쁜 사람은 공부를 하면 좋으련만 절대 공부하지 않는다. 돈이 없는 사람은 일을 하면 좋으련만 돈 쓸 생각만 한다. 반대로 돈이 있는 사람은 돈을 쓸 생각을 하면 좋으련만 어떻게 될 일인지 돈을 벌 생각만 한다."

사이토 히토리(건강식품회사 긴자마루칸 창업자)

1. 소득이란?

소득이란 개인 또는 법인이 노동, 토지, 자본 등 생산 요소를 투입하여 사회적 생산활동을 통해 얻는 것이다. 삶의 목표를 달성하기 위하여 많은 재정적 지출이 발생된다. 따라서 경제생활설계를 함에 있어서 가장 먼저 염두에 두어야 할 것은 소득이 있어야 한다는 것이다. 지금까지 불로소득으로 매우 편하게 돈을 얻을 수 있었으나, 스스로 일을 하여 돈을 벌고, 이를 효율적으로 사용하는 경제적 독립을 이루었을 때 비로소 성인이 된다. 돈을 벌기 위해서는 직장을 얻거나 창업을 해야 한다. 본인의 성향이나 여건, 업종, 전망 등 여러 가지를 고려하여 결정을 내려야 하며, 이때 중요한 것은 무엇을 하면 돈을 많이 벌 수 있을까를 생각하는 것보다 무엇을 하면 더 재미있게 할 수 있을까? 무엇을 하면 내가 더 잘할 수 있을까? 내가 하고자 하는 일이 사회발전에 기여할 수 있을까? 등에 대하여 깊이 생각한 후에 결정해야 할 것이다.

2. 소득의 종류

시장에 어떠한 생산 요소를 제공하느냐에 따라 근로소득, 재산소득, 사업소득 등이 있다.

근로자들이 직장에 노동력을 제공하는 대가로 얻는 소득이 근로 소득이며, 투자자들이 토지 및 자본을 빌려 주어 얻는 소득이 재산 소득이다. 그리고 사업가들이 안정된 직장을 포기하고 자신만의 회사를 경영하면서 얻는 소득이 사업 소득이다. 그리고 한 가지 더 이전 소득이 있다.

이전 소득이란 정부 기관이 지급하는 연금·유족 원호금·육영 자금과 개인이 의료보험연합회를 통해 회사로부터 받는 치료비 등의 사회 보장 급부나, 기업 또는 개인에 의해 이루어지는 증여, 상속, 기부 등을 말한다. 그러므로 이전 소득은 노동, 토지, 자본 등 생산 요소를 제공하지 않고 무상으로 얻는 소득이다.

아래 표는 대학교 1학년 학생인 민기네 가족의 소득 내역이다. 민기 아버지는 A 회사에 다니고, 민기 어머니는 올해 3월부터 집 근처의 할인점에서 시간제 일을 하신다. 지난 달 아버지 월급을 세금을 제하고 난 후 세후소득이 200만 원이었고, 어머니 월급은 60만 원이었다. 근로 소득 외에 적금 및 예금 이자가 3만 5천 원, 배당 소득이 20만 원으로, 지난 5월 한 달 동안 민기네 가계로 들어온 소득은 총 283만 5,000원이었다.

근로소득

시장에서 노동을 제공한 대가로 얻는 소득으로서, 연봉을 정하고 1개월 단위로 월급을 받거나 일당 또는 시간당 얼마를 받을 것인지를 정해서 받기도 한다. 정규 소득 외에 회사가 근로자에게 제공하는 것에는

'피용자 편익'이라는 것이 있다. 피용자 편익은 통근 버스, 구내 식당 이용권, 의료 보험 혜택 등이 있으며, 회사 입장에서는 좀 더 유능한 근로자를 확보할 수 있는 유인이 되고, 근로자 입장에서는 자신이 지불해야 될 돈을 회사가 대신 지불하는 것이므로 소득 증가 효과가 있다.

(1) 근로소득	아버지 월급	200만 원	(4) 이전소득	공	연금	원
	어머니 월급	60만 원		사	기타	원
	기타 가구원 소득	원		공	상속	원
(2) 재산소득	이자소득	3만 5천원		사	선물	원
	배당소득 임대소득	20만 원 원	총소득	(1)+(2)+(3)+(4)	283만 5천 원	
(3) 사업 및 부업소득	부업소득	원				
	사업소득	원				

재산소득

가계가 소유한 돈, 건물, 토지와 같은 재산을 빌려 주거나 파는 과정에서 발생하는 수익을 말한다. 돈을 빌려 준 대가로 받는 이자, 건물이나 토지를 빌려 주고 받는 임대료, 투자를 해서는 얻는 배당금과 시세차익 등이 재산소득에 해당한다. 퇴직한 노인들의 일자리가 많지 않은 우리나라에서는 젊은 시절에 번 돈으로 집이나 건물을 사서 임대료수입을 얻음으로써 안정된 노후생활을 하는 것을 이상적으로 생각하는 경향이 있다. 이러한 노인가계의 주요 수입원은 재산소득일 것이다.

사업소득

계속적으로 행하는 자기사업에서 얻는 소득을 말한다. 자신이 직접 영업하는 빵 가게, 세탁소, 미용실, 서점 등에서 얻는 소득이 된다. 자신의 사업체를 꾸려가는 자영업자들의 소득이 근로자 소득에 비해 훨씬 높은 것처럼 보이지만, 사업자의 경우 가게 임대료, 전기, 난방, 수도, 광고, 원자재, 재고품, 차량 및 차량 유지비 등의 지출 또한 크다.

이전소득

아무런 대가를 치르지 않고 일방적으로 주어지는 소득으로서, 공적이전소득과 사적이전소득이 있다. 공적이전소득에는 빈곤층에 대한 정부보조인 생계비 및 의료비보조와 연금 등이 있고, 사적이전소득에는 돌아가신 분의 유언에 따라 받는 상속재산, 생존해 계신 분으로부터 받는 증여재산, 선물 등이 있다.

3. 소득에 영향을 미치는 요소

급여소득 크기에 영향을 주는 다양한 요소가 있다. 가장 큰 소득차이는 종사하는 직업에서 찾아볼 수 있다. 전문 관리직에서 부터 기술직, 사무직, 기능직, 단순노무직의 순으로 소득수준이 다르게 나타나고 있다. 또한 특정 업무에 대한 수요와 공급, 종사자의 교육수준, 근무경험과 업무능력, 지역의 다른 고용주가 지불하는 급여수준, 적임근로자의 고용 가능성 정도 등에 따라 급여수준이 다르다.

급여 외 소득으로서 근로자에게 지급되는 부가급부가 있으며, 이는 고용주에 따라 상이하게 나타나고 있다. 일반적인 부가급부에는 유급휴가, 유급병가, 일부 또는 전액 의료보험 부담금, 상품구입 시 할인혜택, 자녀 학비보조, 사내식당, 통근버스 제공 등이 있다. 이러한 부가급부는 근로자들 입장에서는 그만큼 소비지출을 줄일 수 있으므로 소득효과가 있다.

경우에 따라 근로자의 공급이 너무 많아지면 고용주가 지불하는 임금이 매우 낮아서 근로자는 생활에 필요한 최저생계비를 벌지 못할 수 있다. 따라서 국가에서는 최저임금 기준을 정하여 고용주로 하여금 시간당 임금이 최저수준 이하로 내려가지 못하도록 규제하고 있다. 우리나라에서도 최저임금제도에 의거하여 최저임금기준을 정하고 있다. 이 기준은 근로자보호를 위하여 매우 중요하며, 그 기준은 사회경제적 여건에 따라 변화한다.

제2장 세 금

1. 세금이란?

'세금(稅金)'이라는 말에서 '세(稅)'는 '禾(벼 화)'와 '悅(기쁠 열)'로 이루어져 있다. 이는 세금의 기원이 사람들이 벼와 곡식을 추수하여 제일 먼저 신에게 기쁘게 바치는 데서 비롯되었음을 의미한다. 그러나 오늘날의 세금은 '국가가 국민에게 직접적인 반대급부 없이 강제적으로 걷는 돈'이라는 의미로 쓰이고 있다.

자본주의 사회에서 부를 축적하기 위해서는 수입을 늘리는 한편 지출을 줄여야 하는데, 그 중에서 세금으로 인한 지출을 줄이는 기술이 바로 절세 또는 세테크이다. 세금을 줄이려면 세금을 알아야 한다. 물론 세금은 너무 어렵고 또 자주 바뀌기도 하지만, 억울한 세금을 내지 않으려면 평소 세금과 친해질 필요가 있다.

2. 세금의 종류

현재 우리나라에서 걷고 있는 세금은 무려 29가지나 되는데, 그 중 국가가 걷는 국세가 13가지이고 지방자치단체가 걷는 지방세가 16가지이다. 이들 세금 중 우리의 일상생활과 밀접한 관련이 있는 것들만 추려서 그 성격이 어떠한지 간간하게 정리해 보면 다음과 같다.

국세

국세는 중앙정부에서 국가사업의 경비를 마련하기 위해 국민에게 부과·징수하는 세금이며, 나라 안의 거래에 부과하는 내국세와 수출입 물품에 부과하는 관세로 나눈다. 내국세는 다시 보통세와 목적세로 나눌 수 있는데 보통세로는 소득세, 법인세, 상속세, 증여세, 종합부동산세, 부당이득세 등과 같은 직접세와 부가가치세, 특별소비세, 주세, 인지세, 증권거래세 등과 같은 간접세가 있다. 목적세로는 교육세, 교통세, 농어촌 특별세 등이 있다.

지방세

지방세는 시, 도, 군과 같은 지방자치단체가 지역 살림을 꾸려 나가기 위해 필요한 경비를 지역주민들에게 징수하는 세금이며 국세와 마찬가지로 보통세와 목적세로 나눈다.

지방세의 보통세로는 취득세, 등록세, 면허세, 민세, 재산세, 자동차세, 주행세, 농어촌소득세, 담배소득세, 도축세 등이 있으며 목적세로는 도시계획세, 공동시설세, 사업소세, 지역개발세, 지방교육세 등이 있다.

부가가치세

제품이나 그 부품이 팔릴 때마다 과세되는 소비세의 한 체계로 생산자, 도매업자, 소매업자, 소비자의 각 유동단계마다 증가된 가치(부가가치)의 부분이 과세대상이 된다. 예컨대 500만 원으로 부품을 사서 기계를 조립하여 800만 원에 팔면 차액 300만 원이 과세대상이 된다.

EC(구주공동체) 각국에서는 이미 1960년대부터 실시하고 있으며 우리나라에서는 1977년부터 실시하고 있다.

특별소비세

특별한 물품 또는 용역의 소비에 대하여 부과하는 소비세이다. 부가가치세를 포함한 일반매출세는 모든 재화 또는 용역 일반의 소비에 대하여 부과하는 일반소비세인데 특별소비세는 어느 특별한 물품이나 용역에 대해서만 별도로 특별히 높은 세율로서 과세하는 소비세이다

1977년에 재편성된 현행 특별소비세법이 시행되기 전까지는 특별소비세의 과세 대상에 따라 물품세, 직물류세, 주세, 통행세, 입장세, 유흥음식세, 석유류세 및 전기, 가스세 등으로 각기 세목과 세법이 달랐는데 이를 모두 특별소비세법에 통합하여 하나의 세목으로 하였다. 다만 주류의 특수성과 징세행정의 편의상 주세와 전화세는 아직도 별개의 세목으로 하고 있다.

관세

관세란 관세선을 통과하는 상품에 부과하는 세금을 말한다. 즉 외국에서 수입되거나 외국으로 수출하는 물품에 대해 그 물품이 관세선을

통과하는 조건으로 법률에 의해 국가가 부과하는 조세점을 통과함으로써 법률적으로 내국물품은 외국물품이 되고 외국물품은 내국물품으로 바뀌게 된다. 과세는 국경을 출입하거나 제 3국으로 통과하는 상품에 대해 부과하는 간접관세로 수입과세, 수출관세, 통과관세의 세 종류가 있다.

소득에 대한 세금

• 소득세

개인의 소득을 과세표준으로 하여 부과하는 직접국세를 말하며 국민경제적 입장에서 보면 소득세는 가계에 귀속된 분배소득에 대하여 과세되는 조세이다, 소득세는 개인이 1년 동안에 번 소득에 대해서 내는 세금이며, 세금을 내야 하는 소득의 종류가 미리 정해져 있다. 이에는 종합소득, 퇴직소득, 양도소득이 있으며 종합소득에는 이자·배당·부동산임대·사업·근로·연금 및 기타소득이 있다.

개인이 1년(1월 1일부터 12월 31일까지) 동안 번 소득에 대한 소득세는 다음해 5월 중에 소득자의 주소지 관한 세무서에 신고·납부해야 한다.

종합소득금액 - 소득공제 = 종합소득과세표준

종합소득과세표준 × 세율 = 산출세액

산출세액 - 세액공제 · 감면 = 결정세액

종합소득금액은 이자·배당금액(개인별로 4,000만 원 초과 시), 근로, 부동산, 임대, 연금(600만 원 초과 시), 기타 소득(300만 원 초과 시)을 합하여 계산한다. 금융소득과 연금·기타 소득이 기준 금액 이하이면 당초에 소득을 지급하는 기관에서 원천징수한 것으로 납세 의무가 종결되고, 양도소득이나 퇴직소득은 종합소득으로 분류하지 않고 별도로 과세한다.

소득공제는 인적공제와 기타공제가 있다. 인적공제는 본인, 배우자, 부양가족을 기본으로 공제하고 경로우대, 장애자, 부녀자에게는 추가공제가 있고, 다자녀 가구에 대해서도 추가공제가 있다. 이 외에도 소득세법 및 조세특례제한법에서 공제하는 다양한 공제가 있다. 공제를 많이 받을수록 산출세액은 줄어든다.

세율구조는 4단계 누진구조다. 소득이 많을수록 높은 세율을 적용한다. 산출세액에서도 세액의 공제와 감면이 있다. 공제·감면 후의 금액이 결정세액이다. 즉 본인이 실제적으로 부담하는 세금이다.

• 법인세

법인세는 개인이 아닌 법인이 매 사업 년도에 벌어들인 소득에 대해서 내는 세금이다. 12월 말에 결산하는 법인은 법인세를 다음해 3월 중에 신고·납부해야 한다.

• 수득세, 재산세, 소비세

수득세는 소득세와 같이 수입에 대해 과세한다. 재산세는 재산의 소유사실에 담세능력을 인정하여 과세하는 조세이다. 소비세는 재화의 구입이나 소비사실에 과세하는 조세이다. 예를 들면 부가세, 특소세, 주세 등이다.

• 근로소득세

근로자가 근로의 대가로 받는 소득에 부과하는 조세, 소득세법상 갑종, 을종으로 구분한다.

갑종근로소득에는 근로제공으로 받는 봉급, 보수, 상여금, 수당 등의 모든 급여 법인의 주주총회 사원총회 또는 이에 준한 의결기관의 결의에 의해 상여로 받는 소득, 법인세법에 의해 상여로 처분된 금액 퇴직으로 인해 지급받는 소득으로서 퇴직소득에 속하지 않는 소득이 있다. 을종근로소득에는 외국기관 국제연합군에서 받는 급여 국외의 외국인이나 외국법인(국내지점. 영업소 제외)에게서 받는 급여가 있다.

• 종합소득세

분류소득세에 대비하여 사용되는 용어로서 개인에게 귀속되는 각종 소득 종합하여 과세하는 소득세이다. 종합소득세는 개인의 담세력에 적합한 공평한 과세를 할 수 있으며 수입의 신축성이 풍부하여 재정수요의 증감에 적응시키기 용이한 특징이 있다.

재산의 취득에 관한 세금

• 취득세

부동산이나 차량, 골프나 콘도회원권 등을 취득하는 경우에 취득가(과세표준액)의 2%(개인의 유상거래에 의한 주택 취득 시에는 1%)를 내는 것으로서, 취득일로부터 30일 이내에 자진신고·납부해야 한다. 취득세란 부동산을 취득한 날로부터 30일 이내에 납부하여야 하고 이 기한을 넘기면 신고불성실가산세(취득세액의 20%)와 납부불성실가산세(1일당 0.03%)를 내야 한다. 또한 취득세의 10%에 해당하는 농어촌특별세는 별도로 납부해야 한다(85㎡ 이하 면제).

• 등록세

재산을 취득하고 그 권리를 보존하기 위해 재산권에 관한 등기나 등록을 하는 경우에 내는 세금으로서, 취득세와 마찬가지로 지방세에 해당한다. 부동산을 등기하는 경우 등록세의 세율은 과세표준액의 2%(개인의 유상거래에 의한 주택등기 시에는 1%)이며, 차량등록일 경우에는 5%(경자동차는 2%)이다. 등록세는 등기·등록을 하기 전까지만 납부하면 불성실가산세가 가산되지 않는다. 등록세의 20%에 해당하는 교육세는 별도로 납부해야 한다.

※ 주택매매에 따른 취·등록세는 현재의 2%에서 1%로 인하할 것을 검토 중임.

부동산에 대한 세금

• 종합부동산세

종합부동산세란 고액의 부동산 보유자에 대하여 종합부동산세를 부과하여 부동산 보유에 대한 조세부담의 형평성을 제고하고 부동산의 가격안정을 도모하기 위한 세금으로서, 매년 6월 1일 현재 보유하고 있는 부동산에 대해서 1차로 시, 군에서 재산세를 부과하고 고액의 부동산 보유자에 대해서는 2차로 국가에서 전국의 부동산을 보유자별로 합산하여 기준금액 초과분에 대해서 종합부동산세를 부과하는 세금을 말한다.

2005년부터는 시 군 구에서 1차로 관내 부동산을 대상으로 주택(토지와 건물합산)분 재산세, 사업용 건물(빌딩, 상가, 주차장 등 사업용 건물)분 재산세, 토지(나대지 등 주택부수토지 외의 토지)분 재산세를 각각 부과한다. 그리고 국세청이 2차로 개인이 전국적으로 소유한 부동산금액을 합산해 일정금액을 초과하는 부동산을 소유한 사람에게 국세인 종합부동산세를 부과한다.

- 종합토지세

전국의 토지를 소유자별로 합산 누진과세하는 지방세이다. 땅을 많이 가진 사람에 세금부담을 늘려 토지의 과다보유를 억제하고 토지투기를 통한 불로소득을 막아 지가안정과 과세형평을 추구하기 위해 도입된 제도이다. 과세기준일인 매년 6월 1일 현재 토지를 소유한 사람이 그해 10월 16일부터 31일 사이에 관할 시 군 구청에 납부한다.

납부대상 토지는 종합합산 과세대상토지, 별도합산 과세대상토지, 분리과세대상토지로 구분된다.

- 거래세

(부동산)거래세는 부동산 거래 시 부과되는 세금으로 취득세와 등록세가 있다.

양도소득세도 부동산 거래 시 부과되는 것이지만 기본적으로 양도차익을 소득으로 간주해 부과하는 소득세의 일종이다. 보유세는 보유중인 부동산에 부과되는 세금으로 재산세와 종합부동산세가 있다.

- 보유세

주택이나 땅을 소유하고 있을 때 내는 세금으로 재산세와 종합부동산세를 총칭하는 말이다, 토지에는 종합토지세가, 주택 등 건물에는 재산세가 부과된다, 해당 지방자치단체 재정으로 들어간다. 정부는 재산세 과표를 매년 5%포인트씩 올려 2017년 100% 선까지 맞출 예정이다. 세부담이 지나치게 늘어나는 것을 막기 위해 재산세, 종부세 등 보유세 상한선을 전년대비 세 배까지로 제한했다.

3. 세금 절약 재테크(세테크)

'가정맹어호(苛政猛於虎)'라는 말이 있다. 공자가 태산 기슭을 지나가는데 한 여인이 슬피 울어 그 연유를 물었더니 시아버님과 남편, 아들이 호랑이에 물려 죽었는데도 이사를 가지 못한다고 하소연한다. 이는 폭정과 세금으로 고통을 받아온 백성들이 차라리 호랑이에게 물려 죽는 쪽을 선택했다는 이야기에서 유래된 고사이다. 예나 지금이나 세금이 무섭긴 무서운가 보다. 상품별로 세금구조 등을 숙지하고 수익을 갉아먹는 세금을 줄이는 방법을 알아보자.

절세(tax saving)란 세법이 징하는 범위 내에서 합법적·합리적으로 세금을 줄이는 행위를 말한다. 절세는 사전에 계획을 세워야 한다. 사후에는 별다른 대안이 없다. 부동산을 사거나 팔기 전에, 사업상 중요한 의사 결정을 하기 전에 절세대책부터 세워야 한다. 대책 없이 실행부터 하고 나면 소 잃고 외양간 고치는 격이 된다.

국세청에서도 세금 절약 10계명을 안내하고 있다.

1. 지출 증빙을 챙겨라.
2. 현금영수증을 받아라.
3. 가짜 세금계산서를 받지 마라.
4. 거래대금지급은 금융거래를 이용하라.
5. 사업자등록 명의를 빌려주지 마라.
6. 신고기한을 지켜라.
7. 손해난 사실을 인정받으려면 장부기장을 하라.
8. 세금혜택을 받을 수 있는지 찾아보라.
9. 궁금하면 상담하라.

10. 억울한 세금은 납세자보호담당관에게 도움을 청하라.

• 세테크의 지혜 절세상품

1) 세금을 아예 물리지 않거나 깎아주는 절세상품

예·적금의 이자나 주식 배당금 등의 금융소득에는 소득세(14%)와 주민세(1.4%)를 합해 총 15.4%의 세금이 붙는다. 예금 금리가 물가상승률에 못 미치는 실질금리 마이너스 시대에는 세금을 아예 물리지 않거나 할인해주는 '절세상품'에 관심을 가질 필요가 있다.

2) 대표적인 절세상품은 비과세저축, 저율과세저축, 세금우대 저축

절세상품에는 '비과세 상품(세율 0%)', '저율과세 상품(세율 1.4%)', '세금우대 상품(세율 9.5%)'이 있다. '비과세 상품'은 세금이 전부 면제되고 '저율과세 상품'은 농어촌특별세(1.4%)만 부과된다. 또 '세금우대 상품'은 이자소득세(9%)와 농어촌특별세(0.5%)를 합해 9.5%의 우대세율이 적용된다.

절세상품은 가입자격, 가입한도, 가입기간 등이 까다롭다. 상품마다 차이가 있기 때문에 가입에 앞서 가장 적합한 절세상품을 골라야 한다.

▌일반과세, 비과세, 저율과세, 세금우대 비교▐

(저축금액 3,000만 원, 연리 4.5% 가정)

구분	세율	세금	세후 이자	세후수령액	세후금리
일반과세	15.4%	207,900원	1,142,100원	31,142,100원	3.81%
세금우대	9.5%	128,250원	1,221,750원	31,221,750원	4.07%
저율과세	1.4%	18,900원	1,331,100원	31,331,100원	4.44%
비과세	0%	0원	1,350,000원	31,350,000원	4.50%

3) 생계형저축은 세율 0%

대표적인 비과세상품은 '생형 저축'이다. 가입기간에 관계없이 발생하는 이자에 대해 전액 비과세혜택을 받을 수 있는 만큼 가입조건이 매우 까다로워 고령자(60세), 장애인, 기초생활수급자, 독립유공자 등 사회적 약자나 국가유공자에 한해서만 가입이 가능하다. 가입한도는 1인당 최고 3,000만 원까지이다. 절세혜택이 가장 크면서도 다른 절세형 금융상품에 비해 가입기간에 따른 제약이 없으며, 1년 이내로 가입을 하거나 중도에 해지해도 비과세혜택이 주어진다.

4) 장기주택마련 상품과 장기저축성 보험도 비과세

은행의 장기주택마련저축, 증권회사의 장기주택마련펀드, 보험회사의 장기주택마련보험 등 '장기주택마련 상품'도 가입 후 7년이 지나면 이자소득이 전액 비과세가 된다. 가입자격은 만 18세 이상 무주택자이거나 전용면적 85㎡(공시지가 3억 원) 이하의 주택을 한 채만 보유한 배우자나 부양가족이 있는 가구주이다. 분기당 300만 원 한도로 연간 1200만 원까지 자유롭게 납입할 수 있는데, 2012년 말까지 가입해야 비과세혜택을 받을 수 있으니 유의해야 한다.

5) 보험회사 · 우체국 등에서 취급하는 장기저축성 보험에도 비과세 혜택이 주어진다. 최초 보험료 납입일로부터 만기일 또는 중도해지 일까지 기간이 10년 이상인 보험의 보험차익(보험금-보험료)에 대하여는 과세하지 않는다.

6) 신용협동조합, 새마을금고, 농·수협 지역조합의 예탁금은 저율과세(세율 1.4%)

'저율과세 상품'은 이자소득세가 전액 면제되어 '농어촌특별세(1.4%)'만 내면 된다. 신용협동조합, 새마을금고, 농·수협 지역조합에서 취급하는 예금이나 적금(예탁금)으로, 3개 금융회사를 합해 1인당 2,000만 원까지 적용된다. 가입대상은 만 20세 이상 조합원으로 5천원에서 1만 원 안팎을 출자금으로 내야 한다. 출자금은 상품이 만기가 되면 돌려받을 수 있고, 출자금에 대해 지급되는 배당소득은 1인당 1,000만 원까지 비과세혜택이 주어진다.

7) 세금우대상품(세율 9.5%)의 가입한도는 전 금융회사 통틀어 1,000만 원

세금우대상품은 전 금융회사를 통틀어 누구나 1인당 1,000만 원 한도(이자 및 배당 등을 제외한 원금기준) 내에서 가입할 수 있다. 고령자와 장애인, 기초생활수급자, 국가유공자 등은 가입한도가 3,000만 원으로 늘어나지만 절세혜택을 누리려면 가입 기간이 1년 이상이어야 한다.

- 절세와 탈세의 차이는 뭔가요?

'절세'란 세법에서 정한 내용을 적절히 적용해 과세소득이 줄고 세금 또한 줄어드는 것을 말한다. 과세소득이 줄어드는 경우로는 소득공제가 있으며, 세금이 줄어드는 경우로는 세액감면·세액공제 등이 있다.

반면에 '탈세'란 세법에서 정한대로 하지 않고 내야 할 세금을 고의적으로 적게 내는 것을 말한다. 여기에는 조세포탈·조세회피 등이 포함된다. 보통 분식회계의 반대인 역분식회계의 결과로 나타난다.

예로 실물거래 없이 서류상 세금계산서를 주고 받던지, 매출액을 고의로 누락하거나 접대비를 복리후생비나 회의비로 처리하든지, 대표자가 개인적으로 사용한 경비를 회사의 비용으로 처리한 경우 탈세가 해당된다.

탈세의 경우 국세청에서 자체 분석하는 전산분석으로 발견될 수 있다. 이것이 발견될 때는 세금 부담이 너무 커서 회사에 심각한 타격을 가져 올 수 있다. 탈세는 규모나 성격에 따라 조세범처벌법의 적용을 받아 형사 고발될 수도 있으므로 경리담당자는 주의해야한다.

절세를 할 수 있는 세법상의 규정들을 살펴보면 세액감면·세액공제 등이 있다. 세액감면은 산출된 세액 중 일정률을 줄여주는 것으로, 예를 들어 중소 제조 및 벤처업의 세액감면 등이 있다.

한편 세액공제는 일정한 대상에 대해 세금을 공제해 주는 것으로 중소기업의 기계장치 구입에 대해 일정액을 깎아주는 임시투자세액공제와 기술연구소의 연구개발에 들어간 인건비의 일정액을 세금에서 깎아주는 세액공제가 있다.

세액공제와 세액감면은 그 적용이 까다롭기 때문에 경리 담당자는 우리 회사에 적용할 수 있는지, 그리고 감면배제조항에는 걸리지 않는지 꼼꼼히 따져보아야 한다. 더욱이 여러 개가 동시에 해당될 때는 중복배제조항에 걸리지 않는지 확인해야 한다.

또한 아무리 세액공제 및 세액감면이 많아도 최저한도로 세금을 내는 최저한세도 있으므로 이도 주의해야한다.

> • 세액공제 : 과세소득에 세율을 적용해 산출된 세액에서 일정세액을 깎아주는 것을 말한다. 산출세액의 일정률을 깎아주는 세액감면과 구별된다.
> • 최저한세 : 세액공제나 세액감면에 해당되면 그만큼 세금을 깎아주는 것으로 알지만 실제로는 아무리 세금을 깎더라도 일정액 이상은 내야한다. 이를 최저한세라고 한다.

▌절세의 경우 ▌

법인과세표준 및 세액조정계산서

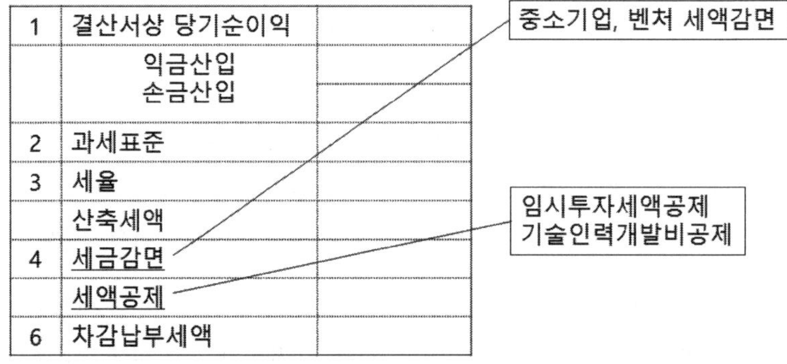

1	결산서상 당기순이익	
	익금산입 손금산입	
2	과세표준	
3	세율	
	산축세액	
4	세금감면	
	세액공제	
6	차감납부세액	

▌탈세의 경우 ▌

손익계산서

201X년 X월 X일 ~ 201X년 X월 X일

㈜ 비전21

매출

1. 매출액 고의 누락

↓

비용

1. 실물거래 없이 서류상 세금계산서를 받아 비용 처리
2. 접대비를 고의로 복리후생 처리
3. 대표자의 개인비용을 회사비용으로 처리

↑

금융상품과 세금

TIP 절세와 탈세는 다르다.

- 합법적으로 세금을 줄이는 절세(tax saving)
- 불법적으로 세금을 줄이는 탈세(tax evasion)

탈세(tax evasion)란 고의로 사실을 왜곡하는 등 불법적인 방법을 동원해서 세금을 줄이는 행위를 말한다. 탈세의 종류는 수입금액의 누락, 실물거래 없는 가공경비계상, 비용의 과대계상, 허위계약서 작성, 명의위장, 공문서위조 등이다.

탈세는 탈세한 세금을 추징함은 물론이고 조세포탈범으로 처벌까지 한다.

조세 회피(tax avoidance)는 세법이 예상하는 거래형식에 의하지 않고 우회 행위 등으로 동일한 효과를 거두면서 세금부담을 줄이는 것을 말한다. 절세가 합법적인 조세절약 행위라면 조세회피는 합법적인 탈세라고 할 수 있다

• 연말정산시 무엇을 가장 먼저 챙겨야 하나요?

연말결산시 가장 먼저 챙겨야 할 사항이 연말정산 정리사항입니다. 예를 들어 선급비용 정리, 미지급비용 정리, 감가상각, 재고금액 확정 등이 있습니다.

장부를 마감하고 합계잔액시산표를 만들어 차변과 대변 합계가 일치하면 이를 통해 재무제표를 만든다. 이를 '가결산재무제표'라고 한다. 그 후 연말결산에 필요한 사항을 조정하면 최종 재무제표가 완성된다. 이는 이사회 승인을 거쳐 주주총회 승인으로 최종 확정된다.

경리담당자는 재무제표를 작성하는 업무야말로 눈을 감고도 펠 수 있어야 한다. 왜냐하면 경리업무의 가장 기초이며 핵심인 업무이기 때문이다.

또한 경영자 입장에서는 재무제표를 통해 주주로부터 평가를 받기 때문에 가장 신경이 쓰이는 자료이다. 즉 손익계산서의 실적을 통해 경영자가 유임되기도 하며 퇴진되기도 한다. 또한 주주에게는 배당 규모를 알 수 있게 해주며, 국세청은 이를 통해 세금 규모를 예측할 수 있다.

연말결산 시 가장 먼저 챙겨야 할 사항이 연말 결산 정리사항이다. 예를 들어 선급비용 정리, 미지급비용 정리, 감가상각, 재고금액 확정 등이 있다. 이런 조정을 통해 재무제표를 완성한다. 동시에 예상되는 세금도 추정해 이도 재무제표에 반영한다.

연말결산 정리사항 중 '선급비용'이란 지불한 비용 중 기간이 경과되지 않아 일시적으로 자산으로 계산되는 것을 말한다. 예를 들어 보험료의 경우 1년치 100만원을 냈는데, 결산기에 미경과기간이 6개월치 남았다면 보험료비용이 50만원, 선급비용(자산)이 50만원이다.

'감가상각' 이란 여러 해 동안 사용할 수 있는 고정자산에 대해 매년 일정하게 비용으로 계산하는 것을 말한다. 이에는 매년 감가상각비가 똑같은 정액법과 매년 감가상각비율이 똑같은 정률법이 있다.

감가상각은 외부 회계감사를 받는 곳은 의무적으로 계상해야 하지만, 그 외의 일반회사는 회사의 이익에 따라 감가상각을 선택할 수 있는 여지가 있으므로 경리 담당자는 세금 수준을 고려해, 이를 잘 활용해야 한다.

- 재무제표 : 대차대조표, 손익계산서, 이익잉여금처분계산서, 현금흐름표(회계감사를 받는 경우만 의무임)의 4종류 및 주석을 말한다.
- 자산 : 기업이 소유하고 있는 자산 중 장래 이익창출에 기여하게 될 자원을 말한다. 참고로 비용은 이익창출에 이미 소모되어 버린 자원을 말한다.

▌선급비용의 예▐

보험료 50만원 지급시 보험료 기간이 2005년 7월 1일부터 2006년 6월 30일까지일 경우 당기비용과 선급비용은 다음과 같다.

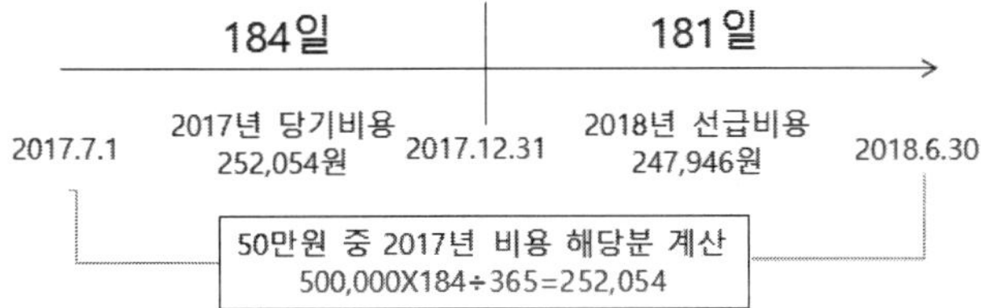

▌미지급비용의 예▐

이자지급일이 매달 15일 후급으로 이자기간이 2005년 12월 15일부터 2006년 1월 15일까지이며, 30만원을 지급할 경우 당기이자 및 미지급비용은 다음과 같다.

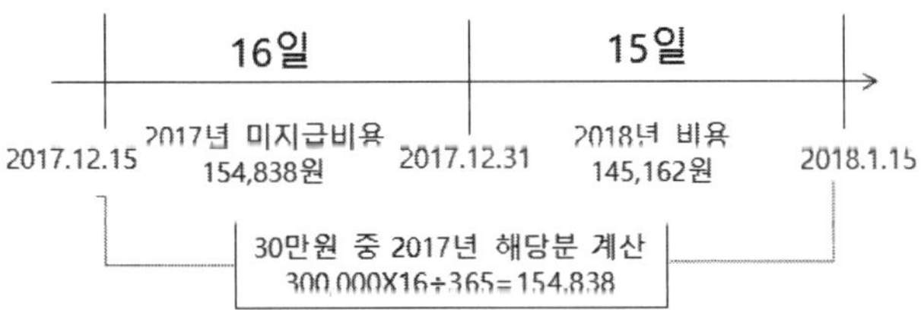

제 3 장 종잣돈

1. 종잣돈이란?

종잣돈은 영어로 'seed money', 즉 '씨앗이 되는 돈'이다. 다시 말해 큰돈의 씨앗이 되는 돈이라는 것이다.

"돈이 돈을 번다."는 말이 있듯 일정 금액 이상의 종잣돈이 있어야, 돈 버는 데 가속도도 붙고 돈 모으는 재미도 더해진다. 종잣돈 마련을 가장 중요한 저축의 목표로 생각하는 사람들이 많다. 빨리 종잣돈을 마련해 그 돈을 굴려 내 집 마련이나 노후 대책 등의 목표를 이루겠다는 것이다.

미국의 백만장자들은 연평균 수익률이 18% 정도 된다고 한다. 놀라운 수치다. 그런 이들이 백만장자가 되는 평균 나이는 어느 정도일까? 놀랍게도 57세 정도라고 한다. 열심히 절약하고 저축해서 종잣돈 만들어 투자해서 이룬 성공이라는 말이다.

많은 사람들이 부동산이나 주식 등을 통한 한 방을 노리지만 어느 정도의 목돈이 있어야 가능한 일이다. 금리나 물가에 상관없이 안정적으로 종잣돈을 만드는 방법은 빠른 시간 안에 지독하게 저축하는 것뿐이다.

그럼 종잣돈은 얼마를 모아야 할까? 1,000만 원, 3,000만 원, 5,000

만 원, 1억 원 등 사람마다 투자의 대상이나 규모에 따라 다르다. 그러나 종잣돈의 최소 규모는 1,000만 원 정도면 될 듯하다. 3,000만 원, 5,000만 원도, 1,000만 원을 거쳐서 가는 것이므로 1,000만원을 종잣돈 마련의 1차 목표로 삼으면 적당할 것이다.

어쩌면 한 푼 두 푼 종잣돈을 모으는 과정이 경제적 자유를 향해 달리는 길의 가장 어려운 단계일 것이다. 굴리는 것은 그 다음이다.

2. 종잣돈 마련

종잣돈 마련 저축은 3대 자금인 주택자금, 자녀교육, 노후자금을 위한 저축을 습관화시키기 위한 연습이라고 생각하면 된다. 대한민국 평균 이상의 저축습관을 가지기 위한 소비의 안정화와 예비 자금의 완성, 완전한 위험관리 등의 확보 이후에 시작할 수 있는 단기자금이기 때문이다. 기간을 1~3년 정도로 설정하여 1년에 천만 원을 모으거나 3년에 4천만 원을 모으기로 구성될 수 있다. 1년에 천만 원을 모으기 위해서는 81만 원씩 세금우대 상품에 연 6% 단리 상품에 4,000만 원을 모으기 위해서는 월 103만 원씩 36개월 동안 불입하면 된다(연6% 기준). 기간이 상대적으로 길지 않기 때문에 운용하기에 편리하지만 위험도가 있다.(실상 모든 확정금리상품들은 위험에 크게 노출되어 있다고 할 수 없다.) 따라서 수익률이 높은 금융기관을 선택하면 된다. 단기 수익률이 상대적으로 높은 곳은 상호신용금고나 신용협동조합 등의 제2금융기관들이다. 은행 업무를 보는 금융기관의 가장 큰 수익은 예금과 대출의 차이라는 '예대마진'으로 구성된다. 다시 말하면 대출 이자를 높게 책정하는 금융기관은 고객을 유치하기 위해 그 만큼의 높은 예금이자를 구성해야만 장사를 할 수 있다는 것을 의미한다. 대출은 제1금융기관인 은행에서 낮은 금리로 받지만 단기적음은 제2금융기관에 저축하는 것이 유리하다.

종잣돈을 가장 빨리 마련하는 방법

그럼 종잣돈을 최대한 빨리 마련하기 위한 비법은 없을까? 있다! 소비를 줄여서 저축을 많이 하는 것이 비법이라면 비법이다. 가장 좋은 방법은 은행의 적금을 이용하는 것이다. 물론 금리가 높은 은행을 이용하면 금상첨화일 것이다. 적금만이 전부는 아니다. 적립식 펀드, 주가연계 상품, 부동산 펀드 등 수없이 많은 간접투자 상품을 이용할 수도 있다. 하지만 종잣돈 마련에는 무엇보다 안전성이 중요하다.

간접투자 상품 등은 수익률이 오락가락하기 때문에 달성 시기나 금액이 확실치 않다. 어느 순간 높은 수익률을 올리지만 반대로 마이너스 수익률을 올리는 경우도 허다하다.

예를 들어 주가연계 상품의 경우 주가가 올라가는 경우엔 수익률이 높지만, 주가가 내려가면 오히려 수수료 비용 때문에 마이너스가 되는 경우도 많다. 따라서 종잣돈 마련에는 확실하면서도 안전한 적금을 이용하는 것이 가장 좋은 방법이다.

같은 적금 상품이라도 자유적립식보다는 정기적금이 훨씬 효과적이다. 기왕이면 자동납부를 신청해서 강제적으로 돈이 나가게 하는 것도 좋다. 수입이 일정치 않거나 성과급 등을 고려해서 자유적립식을 이용하기도 하지만 강제성이 없다는 것이 흠이다. 물론 수시로 생기는 돈을 철저히 저축하면 자유적립식이 더 빨리 종잣돈을 마련할 수도 있다. 정기적금을 부어 1,000만 원을 모으려면 매월 50만 원씩 1년 7개월 정도를 꾸준히 넣어야 한다. 1년 7개월은 결코 짧은 기간이 아니다. 그러나 저축 기간보다 더욱 중요한 것은 '언제 저축을 시작하는가'이다.

가장 위험한 경우는 '이번 달에는 저축할 돈이 없으니 다음 달부터 저축해야지'라고 미루는 것이다. 이런 사람은 다음 달로 넘어가도 저축을 안 할 가능성이 높다. 돈은 있으면 쓰게 되기 때문에 한 달이 지난다 해도 특별히 저축하라고 따로 돈이 생기지 않기 때문이다.

목표를 세웠다면 지금 당장 저축을 시작하는 것이 1,000만 원을 모으는 가장 빠른 방법이다. 미뤄두었다가 한꺼번에 하는 것보다 훨씬 빨리 1,000만 원을 모을 수 있다. 은행 관계자의 말을 빌리면 우리나라 사람들이 가장 많이 하는 저축은 3년 만기 정기적금이라고 한다. 그리고 그 적금을 만기까지 불입해서 찾는 사람은 보통 23.7% 정도라고 한다. 따라서 저축으로 종잣돈을 마련할 때는 강한 의지가 필요하다. 한번 시작한 일은 끝을 본다는 강한 의지로 저축을 해야 한다. 저축은 '그냥 하는 것'이 아니기 때문이다. 그것은 인내와 절제와 약속에 대한 믿음이 전제되는 자신과의 싸움이다. 마치 마라톤처럼 말이다.

1,000만 원, 저축이 출발점

저축나라 게시판을 보다 보면 흥미로운 사실을 발견할 수 있다. 저축계획 중에서 1,000만 원을 목표로 하는 경우가 가장 많다는 것이다.

주변에서 워낙 '억! 억!'하다 보니 1,000만 원이 적어 보일지 모르지만 결코 적은 돈이 아니다.

그럼 1,000만 원은 얼마의 가치를 지니고 있을까? 자산가치 변화는 GDP 디플레이터를 통해서 알 수 있다. 10년 전에 1,000만 원짜리 물건이 지금은 어느 정도 가치를 지니는가를 알려주는 지표이다.(GDP 디플레이터는 통계청의 통계시스템(KOSIS)을 통해 알 수 있다. 통계정보시스템(http://kosis.nso.go.kr)에 접속해서 → 국민계정(2000년 기준) → GNI, GDP 등 주요지표 → GDP 디플레이터를 선택하면 된다.)

1995년의 디플레이터 값이 85.4이고 2003년이 108.9이므로 108.9/85.4=1.275 하면 두 해의 자산가치의 비율이 나온다. 여기에 1,000만 원을 곱해주면 1,275만 원이 된다. 2004년은 물가상승률을

3% 정도 잡으면 대략 1,390만 원 정도 된다.

이런 결과를 토대로 계산해 보면 지금의 1,000만 원은 10년 후 대략 720만 원 정도 될 것이다. 물론 향후 10년간 디플레이터 값이 지난 10년간 비슷하다는 가정하에서이다.

1,000만 원이 줄 수 있는 경제적, 심리적인 대가도 결코 작지 않다. 그렇게 볼 때 1,000만 원이라는 금액은 저축을 할 때 1차적으로 넘어야 하는 고개다.

사람들이 저축을 시작할 때 처음 떠올리는 숫자가 1,000만 원이고 목돈이라는 것도 대부분 1,000만 원을 먼저 생각한다. 또한 투자의 시작이 되는 금액이 1,000만 원이라고 볼 수 있고, 1,000만 원부터는 그 자체로도 1년 후 50만 원 정도의 돈이 생기는 말 그대로 종잣돈이 된다. 그러니 1,000만 원은 재테크의 시작을 의미하고 경제적 자유를 꿈꿀 수 있는 최소단위라 할 것이다.

무엇보다 소중한 1,000만 원의 효과는 바로 그 주체에게 경제적 자신감을 준다는 것이다. 1,000만 원을 모으는 과정을 통해 경제적 자신감이 생기게 되는 것이다. 그것은 마라톤을 시작한 사람이 최초로 10km코스를 완주한 후 느끼는 성취감과 비슷한 자신감이다. 10km를 완주했으니 다음에는 하프코스, 그 다음에는 42.195km도 할 수 있을 것 같다는 자신감이다.

마찬가지로 1,000만 원을 모은 사람은 또다시 1,000만 원을 모으거나 1,000만 원 이상의 종잣돈을 목표로 설정한다. 그리고 이룰 수 있다는 확신을 가지고 임하게 된다. 이른바 '피그말리온 효과'라고 할 수 있다.

피그말리온 효과(Pygmalion Effect)는 교육학에서 회자되는 용어이다. 자신이 조각한 여인상을 사랑하게 된 피그말리온이라는 조각가가 그 여인이 아내가 되길 간절히 빌자 실제로 그 조각상이 사람이 되었다는 그리스 신화에서 유래하는 말이다. 간절히 원하는 일은 반드시 이뤄진다는 것이다.

"지성이면 감천이다"라는 우리나라 속담과도 일맥상통하는 의미다. 평소 '반드시 해내고야 만다', '반드시 그렇게 될 거야', '하면 된다'는 강한 의지로 노력하면 결국 보다 좋은 성과를 얻을 수 있을 것이다.

따라서 1,000만 원은 재테크에 있어서 '할 수 있다'는 자신감과 더 나아가 '부자가 될 수 있다'는 피그말리온 효과를 주는 엄청난 폭발력을 지니고 있다.

저축한 돈은 나의 돈이 아니다

많은 사람들은 최대한 절약하여 쪼개 쓰고 남은 돈으로 저축을 한다고 생각한다. 하지만 제대로 저축을 하기 위해서는 먼저 저축하고 남은 돈을 쪼개 써야 한다.

저축을 한 후에도 마찬가지다. 일단 통장에 들어간 돈은 자신의 돈이 아니라고 생각해야 한다. 저축하고 남은 돈으로 저축하면 거의 저축을 할 수가 없다.

돈을 모을 때는 악착같이 모아야 한다. 돈을 모으는 데 악이 받쳐야 돈이 모인다. 이게 습관이 되면 별로 힘들다는 생각이 안 든다.

절약해서 더 저축할 부분이 없나 끊임없이 고민 한다

그럼 큰맘 먹고 저축한 나머지 돈은 어떻게 써야 할까? 대부분의 사람들은 무리해서 저축했으니 남은 돈은 어떻게든 쓸 생각을 한다. 하지만 거기서 한 발짝 더 나아가야 한다. '어떻게 하면 여기서 더 모아볼까?', '어떻게 하면 새로운 통장을 하나 더 만들까?'를 고민하는 것이다.

시중금리가 많이 낮아져 은행에 돈 넣어 봐야 오히려 손해라고 말하곤 한다. 하지만 그것은 정말 잘못된 생각이다. 저축할 때는 큰돈이 아니지만 이 돈이 모이면 큰돈이 된다.

저축을 하는 것은 이자도 중요하지만 '목돈마련의 기회'를 가진다는 데 그 더 의미를 둘 수 있다. 왜냐하면, 저축은 종잣돈 마련의 가장 기본적이고 안정적인 방법이기 때문이다.

저축을 의무라고 생각 한다

가끔씩 '이 정도면 되지 않을까?'하는 유혹이 찾아오기도 한다. '뭣하러 이렇게 쫀쫀하게 살아야 하나?'하는 회의가 밀려오기도 한다. 하지만 약해지면 안 된다. 왜냐하면 저축은 자신의 삶과 가족을 지키기 위한 의무이기 때문이다.

돈을 모을 때 중요한 건 통장이 자신의 손 안에 없어야 한다. 자신이 기억하는 건 오직 만기 날짜와 한 달에 넣어야 하는 금액뿐이어야 한다.

어떤 사람은 적금통장을 만들고 은행 문을 나서면서 통장에 찍었던 도장을 박살내버린다고 한다. 도중에 해약하고 싶어도 귀찮게 도장을 다시 만들어야 하기 때문에 버틸 수 있다. 또 생소한 숫자로 비밀번호를 만들어 해약하는데 복잡한 과정을 거치게 하기도 한다. 이렇게 붓고 있는 적금을 깨지 않도록 노력하는 모습은 억척스럽다기보다는 처절한 정도다.

물론 끝까지 돈을 찾으려고 한다면 도장이나 비밀번호 같은 것은 별 문제가 되지 않는다. 하지만 마음가짐이 중요한 것이다. 열심히 붓는 적금을 깨지 않으려는 각오나 노력들이 바로 만기일의 기쁨을 약속하는 작은 동기들이 된다. 명확하고 간절한 목적이 있다면 충분한 동기부여는 되는 셈이고 이런 동기와 중도에 깨지 않으려는 각오와 한 달 한 달의 실천이 모여 차근차근 목적을 달성하게 되는 것이다.

들어간 것은 만기 때까지 찾지 않는다. 그리고 시작한 것은 무조건

끝을 본다. 이 두 가지 생각으로 적금을 시작하면 순간이 고비는 오겠지만 그걸 극복하는 경험이 저축의 즐거움을 가르쳐 줄 것이다. 모으는 즐거움은 쓰는 것만큼이나 크다.

이런 결연한 의지로 1,000만 원을 만들면 두 번째 1,000만 원은 좀 더 쉽게 만들어진다.

매달 50만 원씩 1년을 모으면 600만 원이 되고, 매달 83만 원씩 모으면 1년이면 1,000만 원이 된다는 사실을 잊고 살아가는 사람이 참으로 많다. 몇 만 원쯤은 가벼이 생각하다가 그렇게 쌓인 카드 값 때문에 너무나 쉽게 신용불량자가 되는 세상이다. 한 푼일 때는 갚을 능력이 될지 몰라도 그것이 쌓이게 되면 빚더미가 되는 것이다.

당장 쓸 돈도 없는데, 저축을 어떻게 하냐고 말할 수도 있겠지만 그건 핑계일 뿐이다. 한 달에 몇 만 원이라도 저축하기 힘든 사람이 얼마나 있을까?

돈은 자기 자신에게는 경제적 자유와 자신감을 줄 뿐만 아니라, 자신과 사랑하는 가족을 지켜주는 울타리이며 자신과 가족의 미래를 차곡차곡 준비해 가는 과정이라는 것을 생각한다면 말이다.

Part

03 돈 쓰기

아무리 작은 구멍이라도 경계하라. 그것이 거대한 배를 침몰시킬 수 있기 때문이다.

벤자민 플랭클린

기억하라, 경제적 두뇌는 경제문제를 해결하는 과정에서 단련된다는 것을!

로버트 기요사키

1. 구매

구매는 상품을 구입하는 행위로서, 좀 더 자세히 말하면 소비자가 상품을 구입하기 위하여 상담 또는 계약을 하고, 그 결과에 따라 상품을 인도받고 대금을 지불하는 과정이다. 여기에는 구매가 필요한지를 결정한 후, 구매하려는 상품의 종류와 품질, 수량, 그리고 구매 장소를 결정하고, 직접 상품이 적합한지를 검토하고, 가격과 상품인도와 대금지급의 시기와 방법을 결정하는 전 과정이 포함된다.

소비자들이 상품을 구매하는 동기는 원천적으로 구매자의 욕구에 근거하고 있다. 우선 인간은 생리적이고 본능적인 욕구를 가지고 있다. 의식수에 관한 기본 생활필수품의 구매동기는 최소한의 생활과 생명유지를 위한 욕구로부터 나온다. 또 인간은 사회적 동물로서 집단 속에서 다른 사람보다 더 풍요로운 생활을 추구한다. 인간 본능의 하나인 권력욕이나 명예욕이 자기중심적인 구매 욕구를 자극한다고 할 수 있다. 나아가 자유로움이나 자아실현과 같은 정신적 가치에 기초한 구매욕구도 있다. 취미생활이나 문화생활, 여가활동 등에 관련된 구매가 그러하다. 소비자들의 소득수준이나 의식수준이 높아질수록 그 욕구도 더욱 개성화

되고 다양화된다.

그런데 소비자들의 상품 구매행위를 살펴보면 이성적으로 계획적인 구매도 있지만, 별다른 생각 없이 행해지는 습관적인 구매도 있고, 다분히 감정적이고 충동적인 구매도 적지 않다. 장롱 속이나 창고에 보관된 물건 중에는 거의 사용하지 않는 것도 있고 사실상 쓸모없는 물건도 없지 않다. 상품을 사고 나서 곧바로 이를 후회하는 경우도 있다. 상품을 사는 행위 자체를 즐기는 사람도 없진 않으나, 이성적이고 계획적인 구매야말로 합리적인 소비생활을 영위하는 지름길이다.

2. 구매결정 과정

소비자의 구매결정 과정은 보통 문제인식, 정보탐색, 대안평가 및 선택, 구매 후 평가라는 네 단계를 거치게 된다.

첫 번째 단계는 문제인식 단계이다. 이는 소비자가 상품 구입의 필요성을 느끼고 자신의 상황을 파악하는 단계이다. 문제인식의 정도는 다분히 주관적인 판단에 크게 의존한다. 소비욕구가 아주 강한 소비자가 있는가 하면 상대적으로 소비를 자제하는 사람도 있다. 자가용 자동차를 구입하고자 할 때도 사회적 지위를 중시하거나 과시욕이 강한 사람과, 남의 눈을 의식하지 않고 경제성이나 비용을 우선시하는 사람의 문제인식은 다를 것이다. 문제인식은 개인뿐만 아니라 주위의 가족이나 친지, 사회적 분위기 등 외적 요인에도 영향을 받는다. 소비욕구와 함께 이 단계에서 가장 중요한 요소는 자신의 재정상태, 즉 소득의 제약을 인식하는 것이다. 구매가능성 여부는 사실 재정 상태에 따라 결정된다. 경치 좋은 곳에 별장을 갖고 싶은 욕구가 아무리 강해도 현재의 재정 상태에 비추어 구입이 불가능한 일이라면 문제인식단계에서 구매과정은 중단되고 말 것이다.

두 번째 단계는 정보탐색이다. 소비자는 먼저 기억을 되살려 자신이 가지고 있는 정보를 탐색한다. 이것만으로 불충분하다고 느끼면 외부의 정보에 접근한다. 주위의 가족과 친지나 동료 등 상품사용자의 경험담이나 의견을 들을 수도 있고, 기업의 광고나 홍보물로부터 정보를 얻을 수도 있다. 구매결정에 필요한 정보는 상품의 가격과 품질, 상표 등에 관한 정보뿐만 아니라 기업과 시장전반에 관한 수많은 정보를 포함한다. 정보는 많을수록 선택에 도움을 주겠지만 정보를 탐색하는 데는 다른 한편으로 비용과 시간이 소요된다. 적은 비용과 시간으로 많은 정보를 탐색하는 것도 합리적인 의사결정에 필요한 요소이다. 정보의 바다라는 인터넷의 활용은 적은 비용으로 짧은 시간에 많은 정보를 탐색할 수 있는 훌륭한 방법이 될 것이다.

세 번째는 대안평가 및 선택의 과정이다. 탐색한 정보를 바탕으로 구체적으로 어떤 상품을 선택할지를 결정하고 구입하는 단계이다. 이 과정에서는 필연적으로 비교평가를 해야 한다. 어떤 기업의 제품을 구입할 것인가, 어떤 상표나 모델을 비교 선택할 것인가, 어디에서 구입할 것인가를 결정하려면 기업과 상표, 모델, 구매기관 등 여러 대안들을 비교평가를 해보아야 한다. 평가기준은 소비자나 상품에 따라 다를 수 있다. 채소를 구입할 때는 가격과 신선도, 맛 정도가 평가기준이 되겠지만 자동차나 주택을 구입할 때는 더욱 다양한 평가기준을 필요로 할 것이다. 여러 기준들은 소비자가 인식하는 중요도에 따라 우선순위가 주어지고, 결정적으로 중요한 몇 가지 평가기준에 준거하여 최종적인 선택이 이루어질 것이다.

네 번째는 구입 후 평가 과정이다. 구입한 상품을 소비, 또는 사용한 후에 그 결과를 평가하는 것이다. 만일 그 결과가 구매 전의 기대에 부응했다면 만족을 느낄 것이지만 기대에 미치지 못하였다면 불만을 갖게 될 것이다. 불만의 원인이 객관적인 상품의 문제라고 한다면 보상이나 개선을 요구할 수 있으나, 주관적이고 심리적인 문제라고 한다면 구매 결정상의 오류로 받아들여야 한다. 만족이든 불만족이든 구매 후 평가 내용은 다음 구매결정 과정에 큰 영향을 미칠 수 있는 중요한 정보로 축적된다.

3. 구매 후 평가

구매의 결과와 관계없이, 구매 후 평가를 해 보는 것은 매우 중요한 일이다. 구매의 결과에 만족했건 불만족했건 간에 이 또한 미래의 구매 결정을 위한 하나의 정보원으로서 중요한 역할을 하기 때문이다.

구매 후 평가 과정이란, 제품을 구매하기 전과 후를 실질적으로 비교해 보는 것이라고 할 수 있다. 그 제품이 구매 전에 우리가 고려해 보았던 기준들에 부합되는지, 다음에 고려해야 할 또 다른 기준은 없는지, 다른 상품을 사는 것이 더 나았을지 등에 관해 생각해 보는 과정이다. 구매 전에 기대했던 것과 그 결과를 비교하는 과정에서 만일 기대에 미치지 못했다면 불만족하게 되고 기대와 일치하면 만족하게 된다. 따라서 사람들이 제품에 대해 만족하는가의 여부는, 각자 가지고 있던 기대가 충족되었는지 아닌지에 영향을 받는 것이다. 만약 구매 후에 만족을 했다면 그 사람은 그 제품에 대해 신뢰가 생겨 다음에도 그 제품을 구매할 가능성이 커진다. 반면 불만족했다면 다음에는 또 다른 정보를 탐색해 보는 신중한 구매 절차를 밟게 될 것이다.

제 2 장 소비방법

1. 신용카드

신용카드는 '신용을 획득하기 위하여 수시로 이용되는 카드, 표찰, 증서, 기타 신용장치'로 돈이 없이도 물건을 구입하거나 용역을 제공받을 수 있는 증거가 되며, 대금을 지급하지 않고 신용으로 물건이나 용역을 취득할 수 있는 지급수단이다.

즉, 신용카드는 한 번 발급 받으면, 소비자는 카드의 유효기간이 끝날 때까지 사용 한도 내에서 횟수나 장소에 관계없이 물건을 사고 또 현금을 빌릴 수 있기 때문에 '외상카드' 또는 '플라스틱 화폐'라고 부른다.

선진국에서는 금융 산업에 대한 규제 완화와 금융 부무 경쟁 강화로 소비자 신용의 소스가 더욱 다양해지면서 신용잔고가 이미 가파르게 증가해왔다. 예를 들어, 미국의 경우 대부분의 가계가 일상적인 가계 지출을 신용카드로 결제하고 있으며 주택을 살 때 주택융자를 얻는 것을 당연시하고 있다. 영국의 경우에도 1980년대 이후 소비자 신용은 일반 가계를 대상으로 한 소매금융의 확대와 할부 금융업 등 다양한 형태의 신용 공여기관 등장, 그리고 신용카드 보급확대에 힘입어 지속적으로 상승해 왔다. 1997년을 기준으로 할 때 우리나라의 소비자 신용규모는 GDP의 50% 수준에 이른다.

1998년에는 외환위기의 영향으로 그 증가율이 주춤하였으나 1999년 이후 다시 증가추세로 돌아서고 있다. 경제성장과 금리안정, 정부의 신용카드 이용 장려정책 시행으로 인해 이 추세는 앞으로 계속 될 것으로 전망된다. 특히 과거에는 금융기관이 자문운용을 위해 기업대출을 주로 취급했으나 점점 개인 또는 가계를 대상으로 하는 소매금융의 비중을 늘리고 있으므로 소비자 신용이 더욱 증가할 것이다.

카드의 종류

카드의 종류에는 크게 네 가지가 있다. 대금 지불을 언제 하느냐에 따라 신용카드, 직불카드, 체크카드 그리고 선불카드로 나뉜다.

신용카드는 상품을 구입한 후 일정 기간이 지난 다음에 결제하는 일종의 후불카드이고, 직불카드는 상품 구입과 동시에 계좌에서 인출이 이루어지는 카드이며, 선불카드는 미리 돈을 지불하고 구입한 카드의 잔액 범위 내에서 사용하는 카드이다. 신용카드는 "신용을 획득하기 위하여 수시로 이용되는 카드, 표찰, 증서, 기타 신용장치"로 돈이 없이도 물건을 구입하거나 용역을 제공받을 수 있는 지급수단이다. 신용카드에는 세 개의 당사자가 관여를 하게 되는데, 즉 카드 발행자 또는 신용카드 회사, 가맹점, 그리고 카드 보유자이다. 신용카드업의 허가를 받은 자, 즉 신용카드 회사에서 신용을 얻을 수 있는 일정한 자격요건을 갖춘 사람에게 카드를 발급하면, 카드 보유자는 카드로 가맹점에서 물품과 용역을 구매한다. 그러면 카드 발행자는 우선 가맹점에게 그 대금을 결제해주고, 일정 기간이 지난 후 카드 보유자로부터 대금을 회수하게 되는데, 할부로 이용한 경우에는 물건 대금 이외에 별도의 수수료를 부과한다.

직불카드는 결제 순간에 카드 보유자의 계좌에서 바로 인출되는 카드로, 현금과 신용카드의 장점만을 모은 것이라고 할 수 있다. 왜냐하면 과소비를 막을 수 있는 현금의 특수성과 신용카드의 편리성이라는 특성을 적절히 조합한 것이기 때문이다. 우리나라에서는 일반화되지 못하고 있지만 오스트레일리아나 유럽에서는 오히려 신용카드보다 더 많이 사용되고 있다. 혹시 편리한 신용카드를 사용하고 싶지만 그로 인한 폐해가 염려된다면 우선 직불카드로 먼저 연습을 하는 것이 좋을 것이다.

직불카드와 신용카드의 장점을 혼합한 체크카드는 은행 영업시간이 종료된 이후에는 사용할 수 없었던 직불카드의 단점을 보완하여 은행 영업시간이 종료된 이후부터 다음 날 은행 영업이 재개될 때까지는 신용카드와 같은 기능을 한다. 체크카드는 은행계좌와 연계되어 은행계좌 잔액 내에서 자유롭게 신용카드가맹점에서 사용할 수 있으며, 직불카드의 일시불 결제와 신용카드의 가맹점을 이용할 수 있는 장점을 갖고 있다. 그러나 체크카드 특성상 일시불 결제만 가능해 신용거래에 해당하는 할부거래와 현금서비스 이용이 불가능하다. 또한 국내의 대부분 은행에서 전산상의 문제로 해외 가맹점 결제를 막았기 때문에, 일부의 체크카드를 제외하고는 해외에서는 결제가 불가능하다.

선불카드는 보통 소액을 주고 구입한 뒤, 그 저장된 가치만큼 사용할 수 있는 카드로, 전화카드나 선불 교통카드, 백화점 상품권 등이 대표적인 예가 된다. 가장 최신 화폐라고 할 수 있는 전자화폐도 선불카드의 한 종류이다. 전자화폐에는 IC카드형과 네트워크형이 있다. IC카드형은 신용카드처럼 생긴 플라스틱카드에 IC칩을 부착해 화폐가치를 저장하는 것인데, 슈퍼마켓, 음식점, 주차장 자동판매기 등에 부착된 단말기에 접촉시켜 결제를 하게 된다. 네트워크형은 인터넷상에서 물품이나 콘텐츠를 이용하고 대금을 지불하는 것인데, 5천원, 1만 원 등 일정액이 담긴 카드를 구입하여 카드 뒷면의 번호를 인터넷상의 콘텐츠 업체의 지불란에 입력하는 선불 카드형이 보편적이다. 최근에는 전자지갑에 현금을 이체하는 전자지갑형과 IC카드에 금액을 충전해 사용하는 하드웨어형도 있고, 문화상품권에도 인터넷상의 거래에 사용할 수 있는 번호가 부여되어 있다.

전자화폐와 기존의 지불수단과의 비교

1. 신용·직불카드와의 차이: 신용·직불카드는 은행의 결제 계좌를 통한 자금 이체방식인 반면, 전자화폐는 매체나 네트워크상에 저장된 가치로 결제하는 방식이다.
2. 상품권의 차이: 상품권은 대부분 가치 저장이 일회성이고 용도가 제한적인 데 반해, 전자화폐는 재충전이 가능하고 범용성을 가진다.
3. 수표와의 차이: 지급 매체에 가치가 부여된다는 점에서 공통적이나 수표는 전자적 매체를 이용하지 않고 발행인이 지급인에게 지급을 위탁하는 후불식 결제수단이다.

신용카드

신용사회에서 많은 사람들이 카드를 사용하는 이유는 바로 다양한 형태의 신용을 제공해 주기 때문이다.

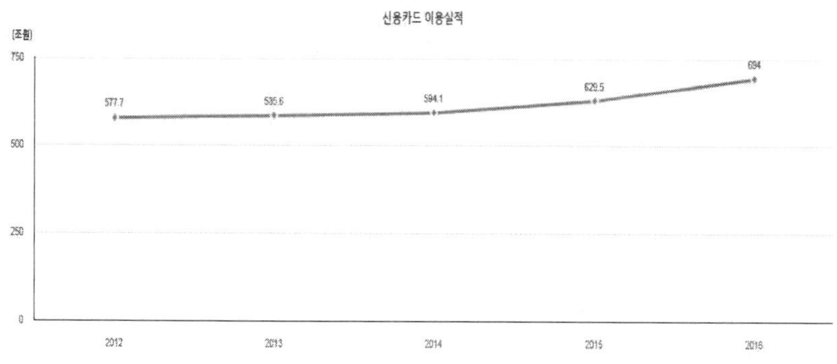

▌신용카드 이용실적▐

신용카드 사용 이유

① 현금대출을 받을 수 있다

- 현금대출에는 크게 현금서비스와 카드론을 들 수 있다.
- 현금서비스: 신용카드 회원별 개별신용 한도 금액 범위 내에서 회원의 결제계좌를 통하여 현금 또는 수표로 인출 받을 수 있는 서비스이다.
- 카드론: 신용카드 회원을 대상으로 회원 개인별 신용도에 따라 부여한 대출한도 금액 내에서 만기 일시 또는 원리금 균등분할 상환의 형태로 최고 한도 2,000만 원까지 제공되는 소액신용 대출제도이다. 카드론 중에는 ARS나 인터넷을 통해 무보증으로 손쉽게 이용할 수 있는 것도 있다.

② 판매 신용을 누릴 수 있다

당장 현금이 없이도 물건을 사거나 서비스를 이용할 수 있다. 또한 각 카드사가 제공하는 다양한 부가서비스 혜택을 누릴 수도 있고, 전자상거래를 이용할 때에도 편리한 대금지불 수단이 된다. 그중 하나로 할부 신용을 누릴 수 있어서 한 번의 계약으로 물품

구매 대금을 할부로 갚아나갈 수 있다.
그러나 신용카드는 이러한 편리함 못지않게 충동구매와 과소비를 조장하여 우리 스스로를 옭아매는 위험요소가 된다. 특히 신용카드의 과다사용으로 20~30대에서 신용불량자가 많다는 점은 간과해서는 안 될 일이다.

(2) 신용카드의 선택

신용카드는 본인이 쓸 용도로 이용할 것인가를 생각해서 알맞은 카드를 선택해야한다.

체크사항	선택할 카드
현금과 같이 지불 수단으로만 이용할 것인가?	연회비가 싸고 부가서비스가 다양한 카드
현금서비스를 받는 것이 중요한가?	현금서비스 수수료율이 낮은 카드
무이자 할부나 포인트 적립과 같은 부가서비스가 더 중요한가?	다양한 부가서비스 기능을 가진 카드
대출(카드론)을 이용할 것인가?	은행계나 전문계 카드
해외에서도 이용할 것인가?	은행계나 전문계 카드

금융비용

신용카드 선택 시 고려해야 할 금융비용에는 기본적인 연회비와 제휴서비스 수수료가 있다. 또한 신용카드 사용실적에 따른 회원 등급별로 연회비를 면제받거나 추가적인 부가서비스가 제공되기도 한다.

① 연회비: 카드사에서 제공하는 각종 서비스를 이용하는 대가로 지불하는 비용으로 모든 회원에게 공통적으로 적용되며, 국내용, 해외겸용, 특별의 구분에 따라 부과액이 달라진다.

② 제휴서비스 수수료: 할부 수수료, 연체 수수료, 현금서비스 수수료 및 리볼빙서비스 수수료 등이 있는데, 해당되는 서비스를 이용했을 경우에 부담하게 된다.

발급 자격

신용카드를 발급받을 수 있는 자격은 소득이 있는 만 18세 이상으로, 신용정보 조회결과 신용상태가 양호하고 신용카드회사에서 정한 일정 기준에 해당하는 사람이어야 한다. 만 20세 미만의 미성년자라면 소득이 있고, 법정 대리인의 사전 동의를 받아 본인 명의의 카드를 발급받을 수 있다. 회원이 카드 이용 대금에 대한 모든 책임을 부담할 것을 승낙하고 카드사에 가입한 회원의 경우 가족회원 카드를 발급받을 수 있는데, 본인 회원의 부모, 배우자, 배우자의 부모, 형제자매와 만 18세 이상의 자녀 등에 대해 5인 이내까지 발급 가능하다.

신용카드 사용 시 주의사항

신용카드는 생산보다는 소비를 조장하기 때문에, 빚을 낼 수 있는지의 여부와 신용도에 따른 부담의 차이는 경제사회에서 사회적 불평등을 그대로 반영하고 있다. 따라서 신용카드는 항상 자신의 소득 수준에 맞게 계획적이고 건전하게 사용하는 것이 무엇보다도 중요하다.

그런데 신용카드 회사가 가장 수익성이 높은 곳으로 여기고 대대적인 마케팅을 펼치고 있는 시장이 바로 “대학”이라고 한다. 이는 대학생들이 자신이 직접 소득활동을 하여 생활해 본 경험이 없기 때문에 아직 확고한 경제적인 마인드를 갖추지 못하고 있다는 약점을 이용하는 것이다. 여기서 신용카드 사용과 관련한 주의사항에 대해서 알아보면 다음과 같다.

(1) 발급받았을 때

· 비밀번호는 남이 알아내기 어려운 것으로 정해야 한다. 남이 추측하기 쉬운 출생연도나 생일, 주민등록번호, 자동차번호 또는 전화번호와 같이 자신의 생활과 관련된 번호를 비밀번호로 정하였다가 부정 사용되는 경우 보상받기가 어렵다.
· 카드를 받으면 카드 뒷면에 즉시 서명을 한다. 서명하지 않은 상태에서 부정 사용된 경우에는 보상받지 못한다.
· 카드번호 및 카드 관련 사고신고 전화번호를 따로 기록하여 둔다.
· 신청 후 일정 기간이 지나도 카드가 배달되지 않으면 카드사에 확인을 하도록 한다. 간혹 자격미달로 카드발급이 안 되거나 우송과정에서 어떤 문제가 생겼을 수도 있다. 우송 도중 분실되어 부정 사용된 피해도 많이 발생하고 있다.
· 신용카드 회원 약관을 꼭 읽어본다.

(2) 물건이나 서비스를 구입할 때

① 결제과정을 지켜보도록 한다

신용카드 불법복제 기술이 날로 고도화되므로 신용카드로 물건이나 서비스를 구입한 후 카드를 점원에게 맡기면서 계산을 부탁하지 말고, 자신이 결제과정 전체를 지켜봄으로써 카드를 안전하게 사용해야 한다.

② 서명을 하기 전에 영수증의 금액, 업체명 및 주소 등을 확인하고, 영수증은 보관한다.

③ 신용카드 수수료는 가맹점이 부담하는 것임에도 이를 소비자에게 전가하는 것은 여신전문금융업 및 카드가맹점 규약에 금지된 사항이다. 이를 위반한 사업자는 징역이나 벌금에 처해진다.

④ 결제일과 되도록 먼 날 이용하는 것이 이득이다
카드결제일은 카드 발급을 받을 때 카드 소지자가 편리한 날로 정하게 된다. 결제일이 12일인 경우에는 전월 16일부터 당월 15일 까지의 사용대금을 당월 25일자 기준으로 회원에게 청구하게 되고, 회원의 결제 계좌에서 익월 12일 날 지급결제가 이루어진다. 만약 결제일이 매달 28일인 소비자가 1월 1일 날 물건 구매대금 결제를 신용카드로 했다면 이 물건 값은 2월 28일 소비자의 계좌에서 결제가 되므로, 57일간 그 물건은 공짜로 사용한 셈이 된다.

⑤ 할부 개월 수에 따라 수수료율이 달라지므로 할부 이용 개월 수를 잘 선택해야 한다. 보통 2개월, 3~5개월, 6~9개월, 10~17개월, 18~24개월 단위로 수수료가 부과되므로, 6개월보다는 5개월이, 10개월보다는 9개월이 더 유리하다. 또한 2개월 이상 3회 이상 할부거래(20만 원 이상)의 경우 철회권을 행사할 수 있다는 점에 유의해야 한다.

· 할부 수수료 계산해보기
총 할부 수수료 =
{할부원금 × 수수료율 × (할부 개월 수 +1)/2} ÷ 12

(3) 현금서비스를 이용한 경우

현금서비스는 대금 결제일을 잘 따져보고 이용하도록 한다. 현금카드 수수료율은 카드사에 따라, 이용일수에 따라 다르므로 자신이 가지고 있는 카드사가 적용하는 이용 일자별 수수료율을 확인하는 것이 필요하다.

사례

급전이 필요했던 A씨와 B씨가 각각 6월 30일과 7월 1일에 100만 원씩 현금서비스를 받았다. A씨와 B씨 모두 결제일이 23일이어서 매월 1일부터 말일까지 사용된 금액이 다음날 23일에 청구되었다. A씨의 경우 7월 23일에 6월 30일 날 받은 현금서비스 수수료 9,000원(이용일수 23일에 해당하는 수수료율 0.9%적용)을 부담한 반면, B씨는 8월 23일에 7월 1일 받은 현금서비스 수수료 28,500원(이용일수 53일에 해당하는 수수료율 2.85% 적용)을 결제하였다. B씨는 단 하루 차이로 19,500원의 수수료를 더 부담한 것이다.

(4) 신용카드 대금을 결제할 경우

① 연체를 하지 않는 것이 가장 중요하다

신용카드를 연체하게 되면 연 20%의 높은 연체이율이 적용될 뿐만 아니라 카드사간에 10만 원 이상 카드대금을 5일 이상 연체한 회원의 연체 정보를 상호교환하기 때문에 카드를 사용할 때 일시 거래정지나 이용 한도 축소, 신용평점 감점 등의 불이익을 당할 수 있다.

② 연체가 불가피할 경우에는 차라리 현금서비스를 받거나 리볼빙

서비스를 받는 것이 유리하다. 리볼빙서비스를 이용하면 매월 결제액의 5~50%까지 본인이 결정한 뒤 갚아 나갈 수 있다. 그러나 할부금을 다음 지급기일까지 연속하여 2회 이상 지급하지 않고 그 연체 금액이 할부 가격의 1/10을 초과하는 경우 기한 이익을 상실 하게 되어 나머지 할부금을 한꺼번에 갚아야 한다.

리볼빙(회전 결제)제도

카드 이용대금의 일부만 결제하면 나머지 내금의 결제가 연장되고 남은 이용 한도 내에서 카드를 계속 사용할 수 있는 새로운 형태의 결제 방식이다. 남은 카드 이용대금은 일정액의 수수료와 함께 매월 분할 결제된다. 총 한도는 일반 결제 방식 때의 한도와 같지만 현금서비스 한도는 리볼빙 잔액 한도 내에서만 사용이 가능한 잔액 한도로 변경된다.

③ 결제일 전에 돈이 생긴다면 선결제제도를 이용하도록 한다.
현금서비스, 할부 구매 시, 그리고 리볼빙서비스 이용 중에도 선결제제도를 이용할 수 있는데, 선결제가 가능한 날짜가 카드사 및 결제일별로 다르기 때문에 미리 확인하는 것이 좋다.

신용카드 사용 관련 문제와 예방

신용카드 사용과 관련해서 가장 많이 발생하는 문제들을 정리하면 다음과 같다.

1) 도난 및 분실과 관련한 문제

· 신용카드를 분실하거나 도난당한 경우 즉시 카드사 또는 결제 은행

에 신고하면 분실도난 신고접수일로부터 60일 전 이후에 발생한 제3자에 의한 카드 부정사용 금액에 대해서는 보상을 받을 수 있다.

· 현금인출이나 현금서비스는 신고 시점 이후부터 보상 처리된다.

· 보상을 받으려면 은행 및 카드사가 정한 양식에 의해 보상 신청을 접수하고 카드 한 매당 최고 2천만 원의 부정사용조사 수수료를 부담해야 한다.

신용카드 도난 및 분실사고로 인하여 보상을 받을 수 없는 경우
1. 회원의 고의에 의한 부정사용의 경우
2. 카드에 서명을 하지 않거나 관리소홀, 대여, 양도 혹은 이용 위임, 담보제공, 불법대출 등으로 인한 부정사용의 경우
3. 회원의 가족, 동거인에 의한 부정사용의 경우
4. 회원이 분실·도난 사실을 알고도 정당한 사유 없이 신고를 지연한 경우
5. 회원이 부정사용조사를 위한 카드사 또는 은행의 요청에 협조하지 않은 경우
6. 카드 비밀번호 유출로 인한 부정사용의 경우
7. 분실·도난 신고일로부터 1년 이내에 정당한 이유 없이 보상신청을 하지 않는 경우

(2) 카드 이용대금에 대한 이의신청

· 카드 이용대금 명세서를 받고 현금서비스를 포함하여 부과된 카드 이용대금에 이의가 있는 경우에는 해당 결제일로부터 14일 이내에 서면으로 이의를 제기할 수 있다. 소비자의 이의 신청을 접수한 카

드사나 은행은 카드 발급 경위, 카드 이용 일시, 이용 내용, 이용 주체 등을 조사하여 그 결과를 회원에게 서면 통보하게 되고, 이 조사 결과에 이의가 있으면 회원은 조사결과를 통보받은 날로부터 7일 이내에 금융감독원에 분쟁 조정을 신청할 수 있다.

· 금융감독원에 분쟁 조정이 신청되면 조정이 끝날 때까지 회원은 이용대금을 지급하지 않을 수 있다. 금융감독원의 분쟁 조정 결과 카드 발급 및 이용 과정에서 카드사나 은행의 책임이 인정되면 이용대금 전부 또는 일부를 카드 발급자가 부담하지만, 회원의 책임이 인정되는 경우 당초 결제일로부터 미뤄진 미결제 대금에 대해 소정의 연체료를 부과할 수 있다.

(3) 신용카드 부정사용

① 연체대납

타인의 신용카드 금액을 대신 결제해 주거나 동 금액변제의 용도로 대출해 주면서 이에 대한 수수료 또는 이자를 수수하는 행위를 말한다. 이 경우 연체대납업체 카드가 사용되는 경우에는 그 사용금액에 대한 피해구제를 받을 수 없으며, 카드 명의인이 변제해야 한다.

② 불법할인(카드깡)

실제 물품의 판매 또는 용역의 제공 없이 신용카드에 의한 거래를 가장하여 허위매출을 발생시키고, 이를 근거로 현금을 융통해 주는 행위를 말한다. 그러나 카드깡 이용자는 카드깡 업자에게 고액의 수수료를 지급하게 되고, 추후 신용카드사에는 카드사용 대금을 모두 변제해야 한다.

＊ 사례

200만 원짜리 노트북을 신용카드로 12개월 할부로 구매하였다는 허위매출전표를 만든 다음, 그것을 카드깡 업자에게 넘기고 수수료를 제외한 150만 원을 현금으로 받아갔다가 12개월 동안에 해당하는 대금을 갚아나가고 있는 경우가 있다.

③ 돌려막기

한 회사의 카드대금이 연체되면 새로운 신용카드 발급 후 현금서비스를 받아 연체 대금의 결제를 반복해 나가는 행위를 말한다. 이렇게 새로운 카드를 반복해서 발급받으면 자신의 능력으로는 감당할 수 없을 정도로 이자가 눈덩이만큼 불어나게 된다.

＊ 사례

A카드사의 신용카드에서 100만 원이 연체되자 B카드사에서 새로운 신용카드를 발급받아 A카드사의 연체대금 100만 원을 결제하고, 다시 B카드사의 결제일에는 현금서비스 수수료를 포함한 107만 원을 결제해야 하므로 또 다시 새로운 카드 C를 발급받아 B카드사의 107만 원을 결제하였는데, C카드사의 결제 만기일에는 갚아야 할 돈이 118만 원이 되었다.

(4) 신용카드 관련 사고 예방지침

· 도난이나 분실 사실을 안 즉시 카드사에 신고한다.

· 카드를 절대로 남에게 빌려주지 않는다.

· 신용카드의 비밀번호는 자신의 생활과 관련한 번호를 이용하여 만들지 않는다.

· 신용카드를 여러 개 사용할 경우 비밀번호는 각기 다르게 정한다.

· 한꺼번에 여러 개의 카드를 가지고 다니지 않는다.
· 되도록 포토카드로 발행하여 사용한다.
· 카드 발급 시 직접 수령하거나 함께 사는 가족이 수령한다.
· 도난이나 분실 등을 대비해서 카드 수령 즉시 카드 뒷면에 서명하고, 서명 부분을 복사해서 따로 보관한다.
· 카드 청구서 수령주소가 바뀌면 즉시 그 사실을 카드사에 통보한다.
· 실제 업소명과 매출전표상의 업소명이 다르면 이의를 제기하거나 신고한다.
· 자신의 카드 사용내역을 잘 살펴서 부정사용 거래가 없는지 체크한다.
· 쓰지 않는 카드는 절단하여 폐기하고 반드시 카드사에 해지 신청을 한다.

카드 뒷면에 서명이 없어서 발생한 피해

A씨는 술집에서 자신의 신용카드를 보관하고 있다는 연락을 받고 확인해 보니 얼마 전 자신의 집에서 자고 간 친구 B가 카드를 훔쳐 사용한 후 미국으로 간 사실을 알게 되었다. 그러나 A씨의 카드에는 뒷면에 서명이 없는 상태여서 B씨가 사용한 금액에 대해서 A씨가 고스란히 책임을 질 수밖에 없었다.

5) 신용카드 관련 불법행위자 식별 요령

해당 업체가 영업소의 주소지를 관할 시청 또는 도청의 대부업자로 등록되어 있지 않은 경우

· 생활정보지 등 각종 신문이나 인터넷 등에 "카드 소지자 · 사용자대출", "다 쓴 신용카드 대출", "신용카드 잔액 대출", "카드 할부한도를 현금으로" 등의 문구로 광고하는 경우

· 특정한 영업점이나 사무실이 없이 전화로만 모든 업무를 처리하는 경우
· 연체대납 시 과다한 수수료를 요구하는 경우(연 66%, 월 5.5%, 일 0.18%를 초과하는 수수료)
· 대출 시 신용카드를 담보로 요구하거나 신용카드 번호 또는 비밀번호를 가르쳐 달라고 하는 경우
· 자신이 실제로 물품 등을 구매한 사실이 없음에도 본인이 알지 못하는 업체 이름으로 카드사용 대금이 청구되는 경우

2. 체크카드

직불카드와 신용카드의 장점을 혼합한 체크카드는 은행 영업시간이 종료된 이후에는 사용할 수 없었던 직불카드의 단점을 보완하여 은행 영업시간이 종료된 이후부터 다음 날 은행 영업이 재개될 때까지는 신용카드와 같은 기능을 한다. 체크카드는 은행계좌와 연계되어 은행계좌 잔액 내에서 자유롭게 신용카드가맹점에서 사용할 수 있으며, 직불카드의 일시불 결제와 신용카드의 가맹점을 이용할 수 있다는 장점을 갖고 있다. 그러나 체크카드 특성상 일시불 결제만 가능해 신용거래에 해당하는 할부거래와 현금서비스 이용이 불가능하다. 또한 국내의 대부분 은행에서 전산상의 문제로 해외 가맹점 결제를 막았기 때문에, 일부의 체크카드를 제외하고는 해외에서는 결제가 불가능하다.

3. 전자화폐

전자화폐에는 IC카드형과 네트워크형이 있다. IC카드형은 신용카드

처럼 생긴 플라스틱카드에 IC칩을 부착해 화폐가치를 저장하는 것인데, 슈퍼마켓, 음식점, 주차장, 자동판매기 등에 부착된 단말기에 접촉시켜 결제를 하게 된다. 네트워크형은 인터넷상에서 물품이나 콘텐츠를 이용하고 대금을 지불하는 것인데, 5천 원, 1만 원 등 일정액이 담긴 카드를 구입하여 카드 뒷면의 번호를 인터넷상의 콘텐츠 업체의 지불란에 입력하는 선불 카드형이 보편적이다. 최근에는 전자지갑에 현금을 이체하는 전자지갑형 IC카드에 금액을 충전해 사용하는 하드웨어형도 있고, 문화상품권에도 인터넷상의 거래에 사용할 수 있는 번호가 부여되어 있다.

전자화폐의 등장

화폐의 역사는 더욱더 편리한 지불수단을 개발해가는 과정이었다. 돈으로 사용되던 조개, 가죽, 소와 같은 물품이 금, 은, 동 등의 금속으로 대체되기까지 그리고 금속 돈이 지폐로 바뀌기까지 인류는 거래와 가치저장 수단으로서 더욱 편리한 화폐를 부단히 개발해 왔다.

이러한 과정을 거쳐 우리가 지금 사용하게 된 지폐는 금속화폐에 비해 월등히 뛰어난 기능을 가지고 있으나 속성상 완전무결한 화폐라고는 할 수 없었다. 아무리 지질이 뛰어난 종이로 만들어진 지폐라 할지라도 마모될 수밖에 없으며 거액의 지폐를 휴대하는 데에는 불편함과 위험이 따르기 때문이다.

지폐의 불편함을 해소시키기 위해 등장한 가계당좌수표 등의 예금 화폐도 고민거리를 안전히 해결시키지 못했다. 버스나 지하철을 탈 때마다 매번 가계수표를 발행하는 것은 지폐를 그냥 사용하는 것보다 더욱 불편하다. 먼 곳에 살고 있는 친구에게 송금할 때에도 우체국이나 은행까지 직접가야만 했다.

전자화폐는 이 모든 불편함에서 우리를 해방시켜준다. 전자화폐를 모두 사용하면 두툼한 지갑을 가지고 다닐 필요도 없다. 일상생활의 모든 거래가 IC카드 하나로 해결되며 집에 앉아서 인터넷상의 가상 상점을 이용해 느긋하게 쇼핑을 즐길 수도 있다. 자신만이 알고 있는 비밀번호로 잠금장치를 해둘 수 있어 자금 보관의 안전성도 보장될 뿐만 아니라 먼 곳에 살고 있는 친구에게 돈을 보내고 싶을 때 일부러 은행에 가지 않고도 자택에서 전용전화기 또는 PC를 사용해 언제라도 송금할 수 있다.

이러한 전자화폐가 세상의 관심사로 부각되기 시작한 것은 1995년 영국의 소도시 스윈던에서 몬덱스라는 전자화폐가 실험적으로 사용되면서부터였다. 스윈던의 전자 화폐실험 이외에도 세계 각국에서는 현재 여러 가지 형태의 전자화폐가 실험 또는 실용화 되고 있다. 예를 들어 미국의 사이버캐시를 비롯해 퍼스트 버추얼 덴마크의 단몬트, 벨기에의 프론톤 등 현제 실험 또는 실용화 되고 있는 전자화폐는 수 십 종류에 이르고 있다. 일본의 시중은행들도 IC카드형 전자화폐를 실험하고 있으며 우리나라에서도 최근 부산 동남은행, 광주은행 등에서 IC카드형 전자화폐를 발행하기 시작했다.

전자화폐의 성격

전자화폐를 사용함으로써 현금 사용의 불편함에서 벗어날 수는 있겠지만 그로 인해 현재 사용되고 있는 현금이 완전히 사라지는 것은 아니다.

일반적으로 화폐란 지불, 가치저장, 가치 척도로서의 기능을 동시에 충족시키는 자산이라고 정의할 수 있다. 그러면 전자화폐는 이 모든 기능을 충족시킨다고 할 수 있는가? 물론 전자화폐도 일부 상점에서는 현금과 같이 재화 및 용역의 지불수단으로서 충분한 기능을 하고 있다, 만약 전 세계에 있는 모든 상점에서 전자화폐를 받아들인다면 전자화폐는 일반적인 지불수단으로서 전혀 손색이 없을 것이다, 자신의 IC카드 및 컴퓨터 하드디스크에 전자화폐를 축적시켜 장래의 소비에 대비할 수 있으므로 가치저장수단인 화폐 본연의 역할도 충분히 수행할 수 있으며 은행에서는 현금과 일 대 일 또는 일정한 비율로 전자화폐를 발행하므로 현금과 동일한 가치 척도로서의 기능도 지니고 있다. 이런 측면에서 본다면 전자화폐는 화폐로서의 요건을 충분히 충족시키고 있는 것이다.

그러나 현재의 전자화폐가 현금을 완전히 대체하는 것은 아니라는 점에 주의해야 한다. 즉 발권은행이 본원통화를 전자화폐로 발행하지 않는 한 현금을 완전히 대체할 수는 없다,

예를 늘어 500파운드의 몬덱스 화폐를 사용하기 위해서는 500파운드를 은행에 예치시켜야 하며 상점에서 500 몬덱스 화폐를 지불했을 때에는 자신의 예금계좌로부터 상점의 계좌로 500파운드가 이전된다.

따라서 지금의 전자화폐가 현금을 대신하는 새로운 결제수단을 만들어간다는 것은 좀 과장된 표현이다. 좀 더 정확히 이야기한다면 전자화폐란 기존의 결제수단을 이동시킬 때 그 편의를 도모하기 위해 여러 가지 전자적 기술을 이용한 것에 불과하다고 할 수 있다.

이러한 측면에서 전자화폐를 정의해본다면 전자화폐란 기존 화폐의 신용력에 기반을 두고, 지금까지 화폐가 가지고 있었던 불편함을 해소시키기 위해 원격지 이송에 따른 통신기능 휴대 및 보관관리의 편의기능 위조방지기능 등을 추가한 새로운 전자적 결제방법이라고 정의할 수 있다.

전자화폐의 등장 배경

전자화폐가 실현되기 위해서는 이것을 지탱해줄 수 있는 기술진보가

필요한데 그 중 가장 중요한 것으로서 반도체 기술의 발전을 꼽을 수 있다. 반도체 메모리와 소형 중앙처리장치(CPU) 등 IC칩의 성능은 최근 10여 년 사이에 급속히 향상되었으며 대량생산에 힘입어 가격 또한 저렴해졌다. 이러한 기술 발전이 없었더라면 IC카드에 화폐정보를 저장시킨 몬덱스와 같은 전자화폐는 출현할 수 없었을 것이다.

둘째로 IC칩의 기술발전에 힘입어 PC가 광범위하게 보급된 점을 들 수 있다. 가격이 수십억 원에 달하던 1970년대의 IBM370 대형 컴퓨터보다 지금 우리가 사용하고 있는 100여만 원 정도의 펜티엄PC가 더 뛰어난 성능을 갖게 되었다. 이렇게 저렴하고 기능이 뛰어난 PC의 개발이 없었더라면 각 가정마다 컴퓨터를 소유하는 것은 상상할 수도 없으며 PC를 이용한 전자결제 불가능했을 것이다. 특히 윈도로 대표되는 소프트웨어 기술발달로 컴퓨터가 전문 직종에 종사하고 있는 일부 사람들의 전유물이 아니라 마치 가전제품처럼 모든 사람들이 손쉽게 다룰 수 있게 된 것도 PC 보급을 확산시킨 중요한 기술적 발전이라 할 수 있다.

셋째로 PC보급 확대와 함께 각 컴퓨터를 연결시키는 여러 가지 형태의 네트워크가 발전한 것도 전자화폐를 등장시키는 데 중요한 역할을 담당했다. 우리나라에서도 천리안, 하이텔과 같은 PC통신이 광범위하게 보급되고 있으며 인터넷을 통해 각종 정보를 취득하는 것도 이미 일반화되고 있다. 특히 인터넷의 보급은 전 세계의 컴퓨터가 서로 연결되었다는 점에서 매우 획기적인 것이다.

PC통신 가입자에 한정되겠지만 전 세계적으로 연결되어 있는 인터넷을 통하면 누구나 이용할 수 있다. 따라서 인터넷을 통한 전자상거래 규모는 특정 PC통신을 대상으로 삼는 것과는 비교가 안 될 정도로 크다.

인터넷상의 사이버 공간에 개점하는 상인들의 숫자가 많아질수록 그리고 그 곳에서 물품을 구입하고자 하는 소비자의 욕구가 확대될수록 전자화폐의 필요성은 더욱 증대될 것이다.

우리가 인터넷을 통해 정보를 검색하다가 구입하고 싶은 물품이 있을 경우 은행으로 달려가 그 회사에 송금을 하고 다시 집으로 돌아와 전자우편으로 구입신청을 할 수 밖에 없다면 그 불편함 또한 적지 않을 것이다. 따라서 인터넷에서의 전자상거래가 활발히 진행되기 위해서는 구매와 결제가 동일 네트워크상에서 실시간으로 진행되어야 하는데 이것을 가능하게 하는 것이 바로 전자화폐인 것이다.

현재 인터넷 이용자 수는 급속히 증가하고 있다. 국제인터넷협회의 전망에 따르면 1996년 이전까지 5,000만 명에 불과하던 인터넷 이용자가 2000년에는 1억 2,000만 명을 넘어설 것으로 예상되고 있다. 또한 인터넷에서의 전자상거래 규모도 1994년 400만 달러에서 2000년 초에는 4조 5,000억 달러에 날할 것으로 예상되고 있다.

이와 같이 인터넷상에 사이버 사회가 형성되어 그 속에서 각종 상거래가 이루어질 때 전자화폐는 사이버 사회의 결제수단으로서 더욱더 각광을 받게 될 것이다. 전자상거래의 자세한 내용은 제 6, 7장에서 다루었다.

전자화폐의 유형

전자화폐는 일반적으로 전자현금, 전자지갑, 디지털 머니 등 다양한 용어로 사용되고 있다.

또한 그 내용도 현금과 거의 같은 기능을 가진 최첨단에서부터 기존의 선불카드를 약간 변형시킨 것에 이르기까지 광범위하여 전자화폐의 구체적인 내용을 이해하는데 혼란을 주고 있다.

따라서 몇 가지 분류 기준에 따라 현재 실험 실용화 되고 있는 각종 전자화폐를 분류하고 각 유형의 성격 및 특징에 대해 설명하기로 한다.

(1) IC카드형과 네트워크형

먼저 전자화폐는 휴대가능 여부에 따라 IC카드형과 네트워크형으로 나뉜다. IC카드형 전자화폐는 휴대가 간편하다는 점에서 일반 상점에서 쇼핑을 즐기기에 편리하다는 장점이 있다. 이에 반해 네트워크형 전자화폐는 컴퓨터를 통해 원거리에 있는 사람에게 이전시키는 것은 간편하지만 IC카드형 전자화폐와 같이 휴대하고 다니는 것은 불가능하다.

IC카드의 경우 중앙처리장치와 기억장치 등으로 구성된 손톱 크기의 극소형 마이크로 칩이 핵심부품으로 내장되어 있다. IC카드에서의 모든 정보가 CPU를 통해 암호화되어 입·출력되므로 지금까지 사용하고 있었던 자기띠 방식의 카트보다 안전성 면에서 월등히 뛰어나다. 또한 마이크로 칩이 내장되어 있기 때문에 전자화폐용 IC카드 하나로 운전면허증, 의료보험증, 주민등록증, 회사 사원증 등의 각종 용도에 사용될 수 있을 정도로 기억용량도 크다.

그러나 IC카드를 전자화폐의 보관처로서 사용하기 위해서는 IC카드 및 IC카드 판독기 등을 보급시켜야 하기 때문에 막대한 투자가 필요하다. 따라서 IC카드형 전자화폐는 이러한 투자비용을 누가 부담하는가(소비자, 상점, 전자화폐 발행자)가 보급의 관건이다.

한편 네트워크형 전자화폐는 컴퓨터 하드디스크에 정보가 저장되어 통신회선을 통해 각종 결제에 사용되는 것을 일컫는다. 원격지 송금에는 편리하지만 직접 소지하고 상점에 가서 물건을 사는 것은 불가능하다.

네트워크형 전자화폐의 장점은 전자화폐용 소프트웨어만을 구비하면 되기 때문에 보급을 위해 막대한 신규 투자를 필요로 하지 않는다는 점이다. 그러나 결제정보가 인터넷과 같은 개방된 통신망을 통해 전달되기 때문에 종래의 PC통신망보다는 더욱 엄중한 안전성이 요구되고 있어 안전성 확보를 위한 암호기술이 향후 중요한 과제로 대두되고 있다.

네트워크형과 IC카드형은 휴대성 측면에서 엄밀히 구분되지만 현재

IC카드형 전자화폐 발행자는 네트워크형으로의 겸용을 네트워크형 전자화폐 발행자는 IC카드형으로의 겸용을 추진하고 있다. 그런 의미에서 몬덱스를 IC카드형 전자화폐의 대명사로서 E캐시를 네트워크형 전자화폐의 대명사로서 분류하는 것은 머잖아 그 의미가 없어질 가능성이 크다.

(2) 결제수단에 따른 분류

기존의 결제수단을 전자적으로 이동시키는 새로운 방법을 전자화폐라고 할 때 기존의 결제수단을 대체하는 방법에 따라서도 전자화폐의 종류를 분류할 수 있다.

먼저 선불카드 기능을 향상시킨 선불카드형 전자화폐를 들 수 있다. 선불카드형 전자화폐에는 IC칩이 내장되어 있어 위조가 곤란하고 ATM을 통해 카드의 잔고를 늘릴 수도 있다는 점에서 기존의 자기띠 방식 선불카드보다 성능이 뛰어나다. 이것은 1996년에 우리나라에서 새롭게 발매되고 있는 시내버스 카드가 전화 카드나 지하철 정액권보다도 위조 방지 및 가치 재충전 면에서 더 우수하다는 것을 연상하면 된다.

그러나 IC칩을 내장한 시내버스 카드라 할지라도 지금까지의 전화 카드 및 지하철 정액권과 결제방법에서 커다란 차이를 보이는 것은 아니다. 시내버스 카드는 단지 시내버스를 탈 때만 이용 가능할 뿐이며 개인간의 자금이체에 사용할 수 있는 것은 아니다. 또한 인터넷에서의 지불도 불가능하기 때문에 전자상거래에 응용하는 것도 어렵다. 따라서 이러한 선불카드형 전자화폐가 경제와 사회전반에 미치는 영향은 그리 크다고 할 수 없다.

둘째로, 신용카드를 인터넷에서 사용가능하게 한 신용카드형 전자화폐를 들 수 있다. 이는 자신의 컴퓨터로 신용카드 정보를 상점 측에 전달해 전자상거래의 결제수단으로 사용하는 것이다. 현재 사용되고 있는 대표적인 신용카드형 전자화폐로는 사이버캐시나 퍼스트 버추얼 등을 들 수 있다.

셋째로, 자신의 컴퓨터에서 전자수표를 발행해 각종 거래수단으로서 사용하는 수표형 전자화폐가 있다. 지금까지는 수표를 상점 측에 직접 전달하지 않으면 안 되었지만 전자수표를 사용하면 인터넷을 통해 손쉽게 전달할 수 있다. 예를 들어 미국의 카네기멜론 대학이 중심이 되어 현재 실험 중에 있는 네트빌과 같은 것은 수표형 전자화폐의 전형적인 예라고 할 수 있다.

넷째로는, 현금형 전자화폐로서 현금 자체를 전자신호로 변환시킨 후 유통시키는 형태를 말한다. 대표적인 예로는 몬덱스(Mondex)나 E캐시를 들 수 있는데, 우리가 일상생활에서 사용하는 현금과 그 성격이 무척 비슷하다는 측면에서 전자화폐라는 말에 가장 합당한 형태일 것이다.

(3) 기타 분류방법

그밖에도 거래를 할 때 익명성의 확보 여부에 따라 전자화폐를 분류할 수도 있다, 익명성이 크다는 것은 전자화폐의 지불당사자를 추적해 내기가 힘들어 결국 전자화폐 사용자의 프라이버시가 보장된다는 의미다. 그런 면에서 현금은 가장 익명성이 보장된 결제수단이라고 할 수 있으며 전자화폐 중에서는 현금형 전자화폐가 이에 해당된다. 반면 신용카드 및 수표형 전자화폐는 각종 거래가 은행의 컴퓨터에 기록되므로 익명성이 보장되지 않는다.

또 제3자에 대한 양도 여부에 따라 분류될 수도 있다. 제3자에게 양도 가능한 전자화폐를 개방형 전자화폐라고 한다(예를 들면 몬덱스). 그러나 현재 도입되고 있는 전자화폐 중에서 개인 간 자금이체가 가능한 것은 극히 일부분에 불과하다. 덴마크의 단몬트, 미국의 SVC 그리고 우리나라 동남은행의 전자지갑 등은 개인 간 자금이체가 불가능하다. 이러한 전자화폐를 폐쇄형 전자화폐라고 한다. 이는 개방형에 비해 기술개발이 비교적 용이하며 현금과의 유사성이 적기 때문에 법적 제약도 별로 없다. 이 때문에 각 나라에서 실험중인 전자화폐의 대부분이 폐쇄형 형태를 띠고 있다.

전자화폐의 이점과 문제점

• 전자화폐의 이점

우리가 이용하고 있는 지폐는 중앙은행인 한국은행이 발행한다. 말하자면 한국은행이 보증하는 차용서라고 할 수 있다. 차용서에 기재된 금액은 실제 거래에서 액면가치를 갖는다. 한국은행이 액면가치를 보증하는 것으로 신용이 보증되고 있는 것이다. 신용보증은 제도에 의한 것만이 아니라 차용서를 쉽게 위조할 수 없도록 하는 기술적인 보증도 있다. 누구라도 간단히 화폐를 위조할 수 있다면 한국은행은 가치를 보증할 수 없게 된다. 그러므로 기술적인 보증으로서 지폐는 고도의 인쇄 지폐나 동전은 최근의 전자화된 사회에 반드시 적합하다고 할 수 없다.

네트워크상에서 지불할 때 사용할 수 없고 물건을 살 때 여러 종류의 지폐나 동전을 가지고 가지 않으면 안 되는 불편함이 있다. 또한 현금을 이동하고자 할 때 여러 가지 번거로움이 있고 은행으로부터 자신의 지갑에 넣기까지도 비용이 든다. 일부러 영업시간 내에 은행에 가야 되고 송금 비용도 필요하다. 거액의 현금을 이동하기 위해 많은 인진성 비용을 요한다. 전자화폐는 디지털 데이터를 현금으로 취급함으로써 위와 같은 화폐의 결점을 해소하려는 것이다.

이와 같이 전자화폐는 현금을 사용하는 지불방법을 정보화 사회에 적합하게 하기 위해 생긴 것이다. 현금이나 신용카드를 사용할 경우와 비교했을 때 전자화폐의 이점을 〈표〉로 설명한다.

전자화폐를 사용함으로써 얻을 수 있는 이점은 다음과 같이 여러 가지가 있다.

▌전자화폐의 이점▐

	현금	신용카드	전자화폐
전자적 처리	X	△	○
도난/분실 시의 처리	X	X	○
프라이버시	○	X	○
결제비용	△	X	○
개방성	○	X	○
양도성	○	X	○

○: 좋음, △: 비교적 좋음, X: 좋지 않음

개방성: 현행의 신용카드처럼 특정의 신용카드회사의 가맹점에서만 이용할 수 있는 것이 아니고 어느 상점에서도 사용할 수 있는 것

양도성: 이용자끼리 직접 전자화폐를 주고받을 수 있는 것

지불, 금전의 양도, 환불이나 예금에 따른 은행 절차도 네트워크를 통해서 행할 수 있다. 전자상거래에서의 물건 값 지불이 편리한 것은 물론 상점이 매상금을 네트워크 경유로 은행에 예금할 수도 있다. 야간에 거래 금고에 거액을 옮기지 않고도 업무를 마칠 수 있고, 소비자가 현금을 잃어버렸거나 도난당했을 때의 피해를 막는 데 도움이 된다.

전자화폐를 IC카드 등의 기억장치에 저장해서 휴대하면 패스워드 등을 이용해서 부정사용을 방지할 수 있다. 또한 전자화폐 데이터의 전체 또는 일부의 백업으로 분실, 도난 시에 발행기관에 신청하여 분실한 전자화폐를 무효로 할 수 있다.

요컨대, 전자화폐를 다른 전자지불방식과 비교했을 때의 이점은 다음

과 같이 요약된다.

첫째, 전자화폐는 이용자의 프라이버시를 지킬 수 있다. 신용카드를 사용한 전자지불은 이용자의 프라이버시가 보증되지 않는다.

둘째, 지불에 요구되는 비용을 줄일 수 있다. 신용카드의 경우는 일정한 금액 이상 물건을 사지 않으면 이용할 수 없는 상점이 적지 않다. 신용카드로 지불할 때의 수수료가 싸지 않기 때문이다. 이에 반해 전자화폐는 이용자의 신용조사 등의 절자가 필요 없기 때문에 신용카드에 비교해서 운용비용을 싸게 할 수 있다.

셋째, 개방성을 갖추고 있다. 전자화폐의 발행체가 중앙은행인 경우나 발행체가 현행 지폐와의 태환성을 보증하고 있는 경우 전자화폐는 원칙적으로 국내 어디에서도 이용할 수 있다. 그런데 신용카드로 지불할 이용자나 상점은 미리 특정한 신용카드회사와 사전에 가맹계약을 해놓을 필요가 없다. 이 때문에 신용카드 회사에 의한 상점의 의존 등이 발생할 우려가 있다. 전자화폐인 경우도 상점에 전자화폐를 취급하는 장치를 설치할 필요가 있으나 전자화폐 자체가 가치를 갖는다는 특성상 발행처에의 의한 의존도는 적을 것이다.

넷째, 현행 신용카드나 선불카드는 카드 소유자로부터 다른 카드 소유자에게 가치를 양도할 수 없다. 이에 비해 전자화폐는 현금의 양도에 상당하는 처리 즉, 유통성을 실현할 수 있다.

현금을 디지털 정보화한다는 것은 실물화폐 그 자체가 갖는

– 익명성(고객이 구매에 관한 프라이버시가 상점이나 은행에 노출되

지 않는 성질)

– 오프라인성(거래 시 고객과 상점 이외 제3자가 개재되지 않는 성질)
– 양도가능성(네트워크 등을 경유해서 전자적으로 가치를 이동할 수 있는 성질)
– 분할 이용 가능성(액면 금액이 될 때까지 분할해서 이용할 수 있는 성질)

등을 전자화폐에 부여하여 인터넷 비즈니스를 위한 전자 지불 수단을 확립할 수 있다는 것이다.

• 전자화폐의 문제점

전자화폐는 여러 가지 이점이 있는 반면 문제점도 있다.

전자화폐는 도입 후 지급불능사태가 발생하거나 도용 및 무단 복제에 따른 신용질서 파괴, 바이러스 침입, 시스템 오류 등에 따른 소비자 보호 등에 관한 사전적 대비가 필요하다. 이를 위해서는 암호화, 인증 등 기술적 문제 이외에도 금융제도, 사회경제구조 등 법・제도적인 정비가 선행되어야 한다.

전자화폐의 문제점을 몇 가지로 분류하고 그 대책에 대하여 살펴본다.

가. 위·변조 및 도용 가능성 문제

만약 범죄자가 전자지갑을 만들어 낼 수 있다면 전자화폐 발행자는 커다란 손실을 입을 것이다. 그리고 전자지갑은 오프라인으로 거래가 이루어지기 때문에 카드를 훔치거나 위조한 경우 그 추적이 어려울 것이다. 만약 이런 사태가 광범위하게 발생한다면 전자화폐는 신뢰성을 상실하게 된다.

따라서 카드발행자들은 카드형 전자화폐의 경우 부정한 조작이 불가능한 위/변조 방지형 마이크로칩으로 안전장치를 내장하고 카드형과 네트워크형 전자화폐 모두에 적용되는 안전장치로 고성능 암호처리 프로토콜 설치 등 정교한 위/변조 방지장치를 개발해야 할 것이며 운영자의 지속적인 모니터링, 전자화폐 거래 기록 유지 및 전자화폐 거래의 추적 기능 등의 보완대책도 강구할 필요가 있다.

나. 소비자 보호 문제

전자화폐는 현금과 달리 모든 거래내역이 기록되기 때문에 개인의 사생활이 침해될 가능성이 있다. 더욱이 여러 개의 카드를 통합한 다기능 카드로서의 스마트카드가 보급될 경우 카드 사용자의 모든 개인 정보가 집적됨으로서 카드사용자에 대한 정보의 노출은 큰 문제가 있다.

따라서 개인의 사생활 보호를 위한 법제도 면의 충분한 대비가 필요하다.

다. 돈 세탁 등 범죄 문제

불법적인 거래에 있어서 세금 및 거래 관계에 관한 기록을 회피하기 위해 주로 현금이 선호된다. 그러나 현금의 경우 많은 양의 돈에 대한 운반이나 안전한 보관 등 어려운 문제점이 많다. 전자화폐는 이러한 문제점이 없기 때문에 돈 세탁 등 불법적인 용도로 악용될 가능성이 있다.

현재 개발되고 있는 대부분의 전자화폐가 저장금액이 비교적 작고, 가치 이전에 대한 제한 및 기록유지 등과 같은 특징을 포함되고 있기 때문에 불법적인 용도에 사용될 가능성은 당분간 희박하지만 장기적으로 저장 규모가 확대되고 몬덱스형 전자화폐와 같이 자금이체가 은행시스템을 경유하지 않고 카드 사용자들 간에 곧 바로 일어날 경우 돈 세탁 등 불법적인 목적으로 악용될 가능성이 크므로 자금 세탁 방지법 등 관련 법제계의 정비가 필요할 것이다.

라. 전자화폐에 대한 신뢰성 문제

현재 정부나 중앙은행이 발행하는 법정화폐에 대해서는 모든 국민이 신뢰성을 가지고 있다. 그러나 개별은행이나 비은행기관에서 전자화폐를 발행했을 때 이에 대한 신뢰성 문제가 대두될 수 있다. 특히 비은행기관의 경우 예금자의 보호를 위해 은행에 적용해온 은행 법규, 금융 감독 및 예금자 보험에의 가입 의무 등과 같은 것들이 없기 때문에 일반이 신뢰를 얻기 어려울 것이다. 만약 일반인들의 전자화폐를 신뢰하지 않는다면 이 화폐는 널리 사용될 수 없을 것이다.

따라서 전자화폐 발행주체, 전자화폐 운영에 따른 권리, 의무 등 제반 법적 기준을 명확히 할 필요가 있다. 그러나 전자화폐 발행금액이 소규모인 경우 그러한 기준으로 인해 불필요한 비용을 발생시키고 전자화폐의 보급에 장애가 될 수도 있다는 점도 고려해야 할 것이다.

• 전자화폐의 안전성

현재도 신용카드의 부정사용은 큰 문제가 되고 있다. 본인의 서명과 전화로의 확인을 생략하게 되면 더욱 많은 문제가 발생할 것은 뻔하다. 극단적인 예로 개가 신용카드를 써도 인터넷상에서는 아무도 알 수 없다. 전자화폐 지불에서는 신뢰할 수 있는 방법으로 각 개인의 신원을 온라인으로 증명하는 방법이 요구된다. 또한 종이와 펜을 사용하지 않고 서명하는 방법, 운전면허증을 제시하지 않고 본인이라는 것을 증명시키는 방법, 물리적인 것을 일체 보내지 않고 현금을 보내는 방법 등도 요구된다. 이들 방법은 전부 수학적인 암호 알고리즘을 사용해 실현할 수 있다.

전자화폐를 본격적으로 실용화하는 데 있어서는 우선 안전성 확보가 문제가 된다. 개방형 네트워크상에서 전자적으로 결제를 할 경우 안전성에 관한 리스크로서는 정보 유출, 사칭, 위/변조 등을 생각할 수 있다. 각각의 리스크가 발생하는 경로를 가정하면서 안전성 대책으로 사전조치, 중간조치, 사후조치로 분류해 보면 우선 사전조치로서는 암호기술, 인증기술, tamper resistant 장치, 제한 한도액 규제, 인증제도 등이 있다. 중간조치로서는 추적 가능성과 모니터링, 중앙시스템과의 조회, 거래 이력의 보존과 온라인 검증, 정보 개시 등을 생각할 수 있다. 그리고 사후 조치로서는 핫 리스트와 장치의 사용 거부, 시스템의 정지 등을 들 수 있다.

(1) 이중사용 방지

전자화폐의 상호교환은 디지털정보를 주고받는 것에 의해서 이루어진다. 따라서 이 디지털 정보가 복사되거나 변경 또는 위조되지 않도록 강도 높은 보안대책이 필요하다. 일반적으로 디지털 정보는 물류와는 달리 간단하게 복사할 수 있을 뿐만 아니라 그 복사는 원본과 거의 구별을 할 수 없다. 이 정보가 PC의 하드디스크 상에 저장되어 있으면 아무리 이 정보가 암호화 되어 있어도 하드디스크의 백업을 받아 놓으면 동일한 전자화폐를 얼마든지 사용할 수 있게 된다. 암호기술을 사용하면 전자화폐를 여러 번 사용한 경우에 은행에 예치되어 온 전자화폐의 이력을 기초로 부정행위자를 검출할 수 있는 구조를 만드는 것은 가능하나 어디까지나 사후의 확인에 지나지 않으며 이것만으로는 도피행각 등의 범죄를 막을 수 없다.

이와 같은 이중 사용을 사전에 방지하는 두 가지 방법을 생각할 수 있다. 하나는 거래상황, 제시된 전자화폐가 미사용인지 어떤지, 수취인이 은행에 문의(온라인 체크)한 것에 따라서 사용유무를 확인하는 방법이며 또 다른 하나는 전자화폐 정보를 부정하게 읽어 들일 수 없는 물리적인 매체 내에 넣어서 외부로부터 매체 내부의 정보를 읽으려고 하는 공격에 대한 방어대책인 tamper resistance를 생각해 볼 수 있다.

이러한 물리적인 매체로는 CPU와 메모리를 원칩화(one-chip)하여 내장한 IC카드 등이 있다. 전자의 방법을 취하고 있는 대표적인 것은 DigiCash사의 Ecash이고 각각의 거래에 반드시 은행이 관여해야 한다. 한편 후자의 방법을 채택하고 있는 대표적인 예는 Mondex인데 IC카드의 안전도가 보안상의 중요한 과제가 된다. 예를 들면, 정교한 위조지폐를 제조할 수 있는 능력을 지닌 대규모 위조조직 등에 대하여 이러한 IC카드의 tamper resistance가 어느 정도 안전한 것인지 충분히 평가해 둘 필요가 있을 것이다.

(2) 거래 상대 확인

개방형 네트워크에서 안전하게 전자결제를 하기 위해서는 먼저 거래상대가 본인이 틀림없는가를 확인하는 것이 필요하다. 여기서 수령한 디지털정보를 본인이 작성했다라는 사실을 증명하는 디지털 서명과 본인만 아는 정보를 정보자체는 공개하지 않고 알고 있는 사실만을 증명하는 영지식증명 등이 사용된다. 그리고 이와 같은 디지털 서명 등에서는 대부분의 경우 공개키 방식의 암호기술이 사용되는데 전자결제 구조에서는 공개키 자체의 위조를 방지하기 위해 인증기관을 설치하여 거래상대의 공개키를 등록하고 관리하는 것도 필요하다.

기밀성과 신뢰성을 유지하기 위해 암호 알고리즘을 이용하여 종래의 지불형태를 안전하게 전자화할 수 있다. 전자적 형태의 예금수표, 여행자 수표, 신용카드 등의 처리에서는 디지털서명이 필요하다. 더욱 복잡한 알고리즘을 사용하면 누가 어디서 무엇을 위해 사용했는가를 감출 수 있는 익명의 전자화폐를 만들 수 있다.

(3) 위조, 변조 방지

전자결제 시 거래정보의 위조나 복사를 위한 가치의 부당한 취득 등을 방지하는 대책도 마련되어야 한다. 즉 결제지시 내용 혹은 가치 그 자체를 나타내는 데이터에 부정이 없을 것, 예를 들면 제시된 전자화폐가 확실하게 지불자가 소유한 것인지, 금액 정보가 바뀌어 쓰여 있지 않은지, 이중적으로 사용되고 있는 것은 아닌지 등을 증명하는 구조가 필요한 것이다. 이러한 것을 구현하기 위해서도 암호기술이 사용된다.

현재 개발되고 있는 암호기술은 크게 두 개로 나눌 수 있다. 하나는 정보 유출이나 위조에 대해서 효과적인 데이터의 암호기술이며, 또 하나는 남의 이름을 사칭하는 것이나 위/변조를 방지하는 데에 효과가 있는 인증 기술이다. 암호기술은 크게 나누어 비밀키 방식과 공개키 방식이 있다. 비밀키 방식이란 송신자와 수신자가 같은 비밀키를 가지고, 송신자가 비밀키로 암호화한 데이터를 전송하고, 수신자는 그 데이터를 같은 비밀키를 사용하여 복호하는 것이다. DES가 유명하지만 제3자에게 비밀키가 노출되었을 경우를 생각하면 리스크가 있다. 현재는 공개키 암호와의 조합으로 이용되는 경우가 많다.

공개키 방식이란 자신만이 보유하는 비밀키와 공개된 공개키를 갖는다. 송신자는 수신자의 공개키를 사용하여 데이터를 암호화하고 수신자는 자신의 비밀키로 암호화 데이터를 복호한다. 공개키 방식에서는 RSA암호가 유명하며 전자상거래에서는 비밀키 방식에 비해 보다 안전성이 높은 공개키 방식을 기반으로 전자지불시스템을 발전시키려고 하는 경향이 일반적인데 최근에는 암호화 처리가 신속하게 이루어지는 타원곡선 암호도 주목받고 있다. 어느 쪽이든 공개키 방식의 경우 부정행위를 방지하기 위해 공개키를 보관하고 신원을 확인하는 인증기관의 설치가 필요하게 된다.

• 전자화폐의 요구조건

전자화폐는 물리적 화폐와 유사한 기능을 갖도록 설계하는 것이 기본 원칙이다. 그러나 완벽하게 물리적 화폐와 같은 기능을 갖는 전자화폐 시스템을 구축하기는 상당히 어려운 일이다. 이는 물리적 화폐의 다양한 기능을 전자화폐에 부여하기 위해서 고도의 수학적 방식이 필요하기 때문에 어려움이 있다. 그럼에도 불구하고 전자화폐가 필요한 이유는 물리적 화폐가 다음과 같은 문제점들을 가지고 있기 때문이다.

· 물리적 화폐의 제작, 유통, 관리 및 폐기에 수많은 인력과 자금이 소요
· 컬러복사기 및 프린터의 발달로 위조 화폐의 제작이 용이
· 급속한 컴퓨터 네트워크의 발달에 따른 전자상거래 시대에 가상공간에서 전자 결제 수단으로서 사용하기 어려움 등

그러나 전자화폐는 디지털 데이터 자체에 금액 가치를 포함하고 있기 때문에 제3자에 의한 네트워크상에서의 다양한 공격 가능성과 사용자/소유자에 의한 위/변조 가능성이 존재한다. 또한 실물화폐에서처럼 화폐 사용 시 사용자의 익명성을 유지시켜 주어야 한다. 이러한 문제점이 완벽히 해결되지 않는다면 화폐로서의 가치를 상실하게 될 것이며 경제생활에 많은 혼란을 초래하게 된다. 따라서 전자화폐 도입 후 지급불능 상태가 발생하거나 도용 및 무단 복제에 따른 신용질서 파괴, 바이러스 침입에 따른 가치 상실, 시스템 오류 등에 따른 소비자 보호 등에 관해 사전에 철저한 대비가 필요하다. 이를 위해 다양한 공격을 방지하고 화폐로서의 가치를 유지하기 위해 여러 가지 암호학적인 기법들이 사용되고 있는데 다음에서는 이를 위해 전자화폐에 있어서 요구되는 사항들에 대해 알아보도록 한다.

– 안전성(Security)

화폐 가치를 포함하고 있는 전자화폐는 디지털 데이터 형태로 구성되어 있기 때문에 가치 정보에 대한 조작이 가능하며 실물화폐보다 손쉽게 대량으로 복사가 가능하다. 만약 범죄자가 전자화폐를 만들어낼 수 있다면 경제 질서에 많은 피해를 가져 올 것이다. 따라서 전자화폐의 복사, 위조 등으로 인한 부정 이용을 방지해야 하며 어느 한 쪽이 거래 사실을 부인할 경우 그 진위 여부를 판명할 수 있어야 한다. 그리고 현재 개발되고 있는 대부분의 전자화폐는 오프라인(off-line)으로 거래가 이루어지기 때문에 전자화폐를 훔치거나 위조할 경우 그 추적이 어려울 것이다. 만약 이런 사태가 광범위하게 발생한다면 전자화폐는 신뢰성을 상실하게 될 것이다. 따라서 화폐 발행자들은 부정한 조작이 불가능한 위/변조 방지형 마이크로칩으로 안전장치를 내장하고 고성능 암호처리 프로토콜 설치 등 정교한 위/변조 방지장치를 개발해야 할 것이며 전자화폐 발행 은행의 지속적인 모니터링, 전자화폐 거래 관련 기록 유지 등의 보완대책도 강구할 필요가 있다. 그러나 기본적으로 전자화폐에 대한 안전성은 다른 방법에 의존하지 않고 전자화폐 데이터에 대한 처리만으로도 완벽히 실현될 수 있어야 한다. 또한 어느 한쪽이 거래 사실을 부인할 경우 그 진위여부를 판명할 수 있어야 한다.

– 추적 불가능성(Privacy)

실물화폐를 사용하였을 경우 지불인은 추후 은행이나 기타 감독기관의 추적을 피할 수 있다. 즉, 사용자 익명성을 유지하고 있다. 마찬가지로 전자화폐를 인터넷상에서의 물품 구매 대금으로 지불하더라도 사용자 익명성은 유지되어야 한다. 그러나 전자화폐는 전자화폐 발행 시 또는 계정 개설 시에 화폐 발급 은행에 사용자의 식별 정보를 제공하기 때문에 전자화폐와 사용자 식별 정보를 연계시킴으로서 추적할 수가 있다. 정당한 사용자의 전자화폐 사용 내역은 알려져서는 안 된다. 이러한 요구 조건이 만족될 때 사용자의 사생활은 보장받게 된다.

– 오프라인성(Off-line payment)

사용자가 지불한 전자화폐는 상점에서 지불 처리 시 은행의 개입 없이 처리할 수 있어야 한다. 즉, 사용자가 상점에 지불한 전자화폐의 유효성, 정당성 등을 은행에 접속하여 확인을 받는 것이 아니라 상점에서 여러 가지 암호 기법을 통하여 즉시 확인이 가능해야 한다.

– 양도성(Transferability)

전자화폐는 실물화폐와 같이 제3자에게 즉시 화폐 가치의 이전이 가능해야 한다. 즉, 중간에 은행을 거치지 않고 직접 전달이 가능함으로써 매번 은행에 전자화폐를 예치하고 다른 전자화폐를 발행 받아 전달해야 하는 통신 부하를 감소시킨다.

– 분할성(Divisibility)

실물화폐에는 없는 기능으로 전자화폐에 새롭게 추가된 기능이다. 일정한 가치를 가지고 있는 전자화폐는 그 가치 범위 내에서 보다 작은 금액 단위의 전자화폐로 분할하여 사용할 수 있어야 한다. 이때 분할된 화폐의 안전성 및 유효성, 정당성 등은 본래 화폐와 동일한 강도를 지녀야 한다. 분할 사용 기능을 통해 사용자는 작은 금액을 지불하기 위해 은행으로부터 작은 금액의 전자화폐를 발행받지 않아도 되는 등 화폐 관리 면에서 효율적이다. 또한 상점 측에서도 거스름 발생에 대비하여 작은 금액의 전자화폐를 보관 하던가 또는 새로운 거스름 전자화폐를 발행하지 않아도 된다.

– 디지털 정보화(Independence)

컴퓨터를 매개체로 인터넷과 같은 네트워크상에서 사용할 수 있기 위해서 전자화폐는 다른 물리적인 형태에 의존하여서는 안 되며 디지털 데이터 자체로서 완벽한 화폐 가치를 가져야 한다. 즉, 지폐는 종이 위에 복사 방지 기술을 이용한 인쇄 기술을 사용하여 화폐를 구성하고 있으나 이와 같이 별도의 물리적인 매개체를 사용하여 구성되거나 안전성을 보장받아서는 안 된다. 화폐의 정당성을 인증받기 위한 은행의 서명, 복사 방지를 위한 기술 등과 같은 모든 조건이 디지털 데이터의 조작만으로 만족시켜야 한다. 이때 비로소 네트워크상으로 전송될 수 있다.

이상의 측면을 고려하면 전자화폐의 요구조건은 다음과 같이 요약될 수 있다.

· 디지털 정보화: 완전하게 디지털 정보만으로서 실현되는 것.
· 재사용 불가능성: 복사, 위조 등으로 인한 부정사용을 할 수 없는 것.
· 익명성(추적 불가능성, 프라이버시 보호): 이용자의 구매에 관한 프라이버시가 강점이나 은행이 결탁해도 노출되지 않는 것.
· 오프라인성: 상점에서의 지불 시 처리를 오프라인으로 처리할 수 있는 것.
· 양도 가능성: 타인에게 양도가 가능한 것.
· 분할 이용 가능성: 합계 금액이 액면 금액이 될 때까지 분할해서 사용할 수 있는 것.
· 간편성: 화폐를 저장하고 전달하는 장치가 간단하고 사용하기 간편해야 하는 것.
· 낮은 관리비용: 화폐발행 및 유지ㆍ관리비용이 적게 들어야 하고 거래 비용이 거래하는 액수와 비교해서 충분히 적어야 할 것.

이외에 전자화폐에 완전한 익명성을 제공하게 되면 세탁 및 돈 약탈,

불법 구매 자금으로의 이용 가능 등 부정한 방법으로 그 기능이 전용될 수가 있다. 따라서 초기에 완전한 익명성을 제공하던 것으로부터 현재는 불법 사용 시 사용자의 익명성을 제거하기 위한 익명성 취소 기능을 부가하고 있으며 이에 대한 연구가 중요한 이슈로 등장하고 있다.

– 익명성 취소(Anonymity Revocation)

불법적인 거래에 있어서 돈 세탁을 위한 현금을 이용하게 된다. 그러나 현금은 그 금액이 일정한 범위로 제한이 되어 있어 많은 양의 자금을 세탁하는 일은 어려운 일이다. 그러나 익명성이 제공되는 전자화폐에 있어서는 비록 그 금액이 적은 소액이더라도 디지털 데이터로 구성이 되어 있기 때문에 실물화폐와 같이 운반 밑 보관에 어려움이 발생하지 않는다. 따라서 실물화폐에서 발생하지 않았던 부작용이 보다 용이하게 발생할 수 있으므로 이에 대한 사전 대비가 반드시 필요하다. 이를 위해 필요한 기능이 익명성 취소 기능으로서 정당한 사용자의 익명성은 완벽하게 보호되지만 부정사용 시에는 법원과 같은 공정한 기관의 명령에 의해 사용자의 식별 값이나 전자화폐 일련번호를 노출시킬 수 있어야 한다.

이러한 요구조건을 만족하는 전자화폐가 실용화 되어 보급되는 경우 기대효과로서

· 소규모 사업자의 비즈니스 기회의 확대(원격지 소비자와의 상거래 용이)
· 소프트웨어 등 정보 상품의 수요 확대(통신망에서의 주문 배달, 결제에 의한 유동, 결제 비용의 절감)
· 컨텐츠 비즈니스의 확립(정보사용에 대한 대가지불의 용이)
· 전자화폐에 관련된 상품, 서비스 수요의 창출(전자화폐용 기기, 전

자화폐발행, 관리시스템 구축을 위한 수요 창출)
등을 생각해 볼 수 있다.

전자화폐와 기존의 지불수단과의 비교

- 신용·직불카드와의 차이: 신용·직불카드는 은행의 결제 계좌를 통한 자금 이체방식인 반면, 전자화폐는 매체나 네트워크상에 저장된 가치고 결제하는 방식이다.
- 상품권과의 차이: 상품권은 대부분 가치 저장이 일회성이고 용도가 제한적인 데 반해, 전자화폐는 재충전이 가능하고 범용성을 가진다.
- 수표와의 차이: 지급 매체에 가치가 부여된다는 점에서 공통적이나 수표는 전자적 매체를 이용하지 않고 발행인이 지급인에게 지급을 위탁하는 후불식 결제수단이다.

제3장 신 용

1. 신용이란?

지식·정보화의 급속한 진전과 금융 산업의 발전에 따라 등장한 신용사회에서, 경제생활자는 현금을 보유하지 않아도 신용만 있으면 물건을 사고 돈을 빌리거나 편리한 각종 서비스를 제공받고 혜택을 누릴 수 있게 되었다. 현대 지식기반사회에서 개인은 신용을 매개로 물질적·정신적 풍유를 자유롭게 누릴 수 있으며, 신용을 축적하는 것이 개인의 보이지 않는 재산 가치를 쌓는 것이 되었다. 개인의 신용관리는 훌륭한 사회 구성원으로 인정받는 필수 조건이라고 할 수 있게 된 것이다.

신용이란 '어떤 사람이 장래의 특정 시점에서 물품·서비스 또는 현금 제공 등에 대한 대가를 치를 것을 약속하고, 이를 감당할 만한 경제적 능력을 보유하고 있는 상태를 나타낸 것이다. 포괄적인 의미에서 현대 사회의 개인 신용이란 단지 경제적 부를 소유하고 있는 점 외에 당사자의 경제적 거래 결과에 따라 미래에 돌아오는 금전적 책임을 질 수 있으며 이것을 사회적으로 인정받는 것을 의미한다. 다시 말해 신용은 일종의 계약행위로 장래의 어느 시점으로 갚을 것을 연기하고 상품이나 서비스 또는 현금을 사거나 빌릴 수 있는 능력을 말한다고 할 수 있다. 이렇게 볼 때, 소비자 입장에서 바람직한 신용생활은 감당할 만한 경제적 지불능력의 범위 내에서 상품이나 서비스 또는 현금을 사거나 빌리고 이를 계약기간 내에 갚음으로써 유지될 수 있다고 할 수 있다.

▌가계신용 동향(한국은행) 그래프 및 통계표▐

		2015	2016	2016 3/4	2016 4/4	2017 1/4	2017 2/4	2017 3/4
가계신용	금액	1,203.1	1,342.5	1,296.5	1,342.5	1,359.1	1,387.9	1,419.2
	전년동기 증감액	117.8	139.4	131.7	139.4	135.4	130.3	122.6
	전년동기 증감율(%)	10.9	11.6	11.3	11.6	11.1	10.4	9.5
가계대출	금액	1,138.0	1,269.8	1,228.6	1,269.8	1,286.1	1,313.0	1,341.2
	전년동기 증감액	112.9	131.8	127.2	131.8	127.7	121.4	112.6
	전년동기 증감율(%)	11.0	11.6	11.5	11.6	11.0	10.2	9.2
판매신용	금액	65.1	72.7	67.9	72.7	73.0	74.9	78.0
	전년동기 증감액	4.9	7.6	4.5	7.6	7.8	9.0	10.1
	전년동기 증감율(%)	8.1	11.7	7.1	11.7	12.0	13.7	14.9

신용의 종류

1) 판매 신용: 할부금융회사에서 제공하는 할부 금융으로 내구재를 외상으로 이용하기도 하며, 각종 신용카드를 이용하여 물건을 구입하기도 한다.
2) 현금 대출: 은행이나 보험사 등의 금융기관에서 가계자금을 대출받거나, 신용카드를 이용하여 카드론, 현금서비스를 받아 현금을 직접 빌려 사용하기도 한다.
3) 서비스 신용: 서비스를 미리 공급받고 사용한 뒤에 사용료를 내는 것이다. 대표적인 예로 이동전화나 전기, 상수도, 도시가스 등의 공과금 즉, 서비스는 미리 받았지만 대금의 지불은 미래의 일정 시점으로 연기된다는 점에서 소비자 신용이라고 할 수 있다.

신용의 장단점

신용은 그것을 어떻게 사용하느냐에 따라 재산, 풍요로움이 될 수도 있고 빚이 되어 큰 재앙을 불러올 수도 있다. 따라서 신용의 장점과 단점을 잘 알고 사용해야 한다.

우선 신용의 장점을 살펴보면 다음과 같다.

첫째, 신용을 이용하면 원할 때 바로 살 수 있다.

주택과 같은 고가 내구재나 자동차와 같은 주요 소비재를 구입하기 위한 돈을 마련하는 데는 몇 년이 걸린다. 더구나 저축을 하는 동안에는 자동차를 이용하는 이익도 얻을 수 없다. 하지만 정말로 원하는 직종에 취직하기 위해 자동차가 필요할 때는 신용을 사용하면 실제로 경제적 이익이 될 수 있다. 또한 생활용품의 외상 구매가 가능하고 소액자금을 즉시 대출할 수 있다. 즉 상품이나 서비스 대금을 완불하기 전에 미리 사용할 수 있는 것이다.

둘째, 신용은 저축을 강제한다.

돈을 정기적으로 저축하는 훈련이 되어 있지 않은 사람의 경우에는 계획하지 않은 물건을 사기 위해 돈을 쓰는 경향이 있는데, 신용구매가 저축과 같지는 않으나 유사한 효과가 있다. 소비자는 신용으로 물건을 사면 정기적으로 그 대금을 지불하기 위해 저축을 해야만 한다.

셋째, 신용은 현금 소지에 따른 불편함이 없으므로 편리하다.

신용카드를 사용하면 소비자는 현금을 조금만 가지고 다녀도 된다. 현금을 가지고 다니면 잃어버리거나 도난의 위험도 줄어들 것이며 신용은 소비자에게 특수판매로 인한 이익을 가져다줌으로써 돈을 절약할 수도 있다. 즉 현금으로 지불하기 위해 돈을 모으기 전에 세일이 끝날 수도 있으므로 이런 때 신용을 이용하여 보다 싼 가격으로 물건을 구입함으로써 이익을 얻을 수 있다. 현금 및 수표 소지에 따른 위험부담도 제거되어 지급수단이 간편해질 뿐 아니라 지출기록이 자동적으로 되므로 가계지출자료를 제공해주고, 카드 사용으로 인한 상품이나 부가서비스의 제공으로 소비자에게 편리함을 준다.

넷째, 신용은 지위를 부여하기도 한다.

우리나라의 경우에는 아직까지 완전한 정착이 이루어지지 않아 신용카드지불에 대해 거부감을 느끼거나 거절하는 상점도 있다. 그러나 외국에서는 상점에서 신용을 사용하면 더 좋은 대우를 받는다고 믿는 사람들이 많다. 신용으로 구매하는 소비자를 상점에서는 단골 고객으로 여길 수 있다. 신용으로 구매할 경우 반품이 용이할 수도 있다.

다섯째, 신용은 거래의 원천이 된다. 좋은 신용 거래의 기록은 은행에서 보다 낮은 이자와 장기간의 대출을 보증이나 담보 없이 신용만으로 가능하게 한다.

여섯째, 신용의 이용으로 투명한 경제를 만들 수 있다. 신용의 이용은 거래내역을 밝혀주므로 경제를 투명하게 하며 신용을 적절히 사용하면 소비흐름을 원활하게 해주어 국민경제를 안정적으로 성장하는 밑거름이 될 수 있다.

이 외에도 소비자 신용의 증가는 각종 거래의 투명성을 높이고 소비자에게는 자원배분 문세에서 융통성을 부여하는 등 긍정적인 면이 많다. 가계에 소득감소 등 비상사태가 발생했을 때 해결을 위한 수단이 됨은 물론 주택 등의 고가 내구재를 구입할 때도 이미 널리 이용되고 있다.

한편, 신용의 단점을 살펴보면 다음과 같다.

첫째, 신용은 충동구매 및 과소비의 위험이 있다.
신용을 사용하면 더 많이 구매하고 고액의 물품을 사는 경우가 있는데, 신용으로 구매한 물건의 대금을 결국 나중에 지불해야 함에도 소비자 중에는 소비억제력을 상실하여 과소비 및 충동구매를 하게 되는 것이다. 소비자신용은 원천적으로 미래의 소비를 현재에 끌어 쓰는 차용인 셈이므로 소비자가 자신의 욕구조절 없이 차용을 지나치게 실현시킨다는 것은 지극히 위험한 일이다.

둘째, 신용을 사용하면 비용을 지불해야 한다.
신용을 이용하면 현재의 상품을 사들일 수 있는 능력을 소비자에게 제공하는 대신, 소비자는 이자 및 신용 제공과 관련된 관리비용을 지불해야 한다. 신용카드 연회비 및 신용을 제때 상환하지 못해 생기는 연체료 등도 신용사용의 비용이다. 결국 신용 사용은 소비자의 장래 소득을 담보로 현재의 만족을 추구하는 수단이므로 그에 따르는 이득과 비용을 계산해야 한다. 또한 신용은 금융서비스이다. 서비스를 받으면 수수료를 회수하기 위해 상품가격을 올려서 판매하기도 한다.

셋째, 미래의 재정적인 부담을 증가시킨다.

신용사용은 소득을 증가시키는 방법이 아니다. 신용을 사용하면 그 원금 및 이자 비용이 미래 소득의 융통성을 감소시킨다. 이러한 상태에서 또 다른 금융문제가 생기면 심각한 재정적 위기로 이어질 수 있다.

넷째, 부채상환이 제때에 이루어지지 않을 경우 신용불량자나 소비자파산자로 낙인찍혀 사회생활을 하는데 많은 곤란을 겪게 되며 소비자의 경제활동은 여러 가지로 제한된다.

다섯째, 국가적으로 금융부실화를 초래할 위험이 생기게 되는 등 여러 가지 부작용을 낳을 수도 있다. 자본시장이나 기업대출 경로가 위축된 채로 은행의 가계대출이나 신용카드관련 대출이 급증할 경우, 시차를 두고 금리상승 시 부채상환능력저하로 은행자산의 질이 급격히 저하될 수 있는 위험이 생긴다.

신용은 바람직하고 합리적으로 잘 활용될 경우, 개인과 사회 및 국가의 경제생활에 매우 긍정적인 영향을 미칠 수 있다고 할 수 있다. 그러나 지불능력을 넘는 과소비와 충동구매, 경제적 부담 가중 가능성 증대, 신용불량 또는 소비자파산 가능성 확대 등의 문제가 도사리고 있다고 할 수 있다.

신용문제란, '신용 사용 시 발생할 수 있는 문제'라고 할 수 있으며, 지불능력을 넘는 과소비와 충동구매, 경제적 부담 가중 가능성, 신용불량 등의 문제를 포함한다. 소비자가 신용을 사려 깊고 현명하게 이용함으로써 얼마든지 경제적 이익을 초래할 수 있음에도 불구하고, 지불능력을 넘는 과소비와 충동구매에 따른 경제적 부담 가중 가능성과 신용불량 상황 초래 가능성 등의 위험이 도사리고 있다. 소비자 입장에서 '신용불량'은 신용생활과 관련된 모든 거래생활에서 불이익을 받거나 정당한 권리행사를 할 수 없게 됨으로써 신용불량 당사자와 그 가족 및 관련 구성원들에게 치명적인 결과로 작용한다는 특징을 지니고 있다.

이에 신용교육의 내용 범위를 필수조건과 충분조건으로 나누고, 필수조건에는 신용의 올바른 이해, 신용의 유지 및 관리법, 그리고 신용불량의 위험과 대처방안 등으로 들고 있다. 또한 충분조건의 내용으로는 합리적 소비행위, 금융지식 등을 들고 있다. YMCA의 청소년신용관리의 교육 자료에서 신용관리의 목적을 중심으로 개념을 살펴보면, 신용을 확보하고 유지해서 자신의 신용가치를 최상급으로 유지하기 위한 것으로 규정하고 있다. 이는 신용관리의 주 내용을 '신용을 올바르게 획득하는 것'과 '획득되어진 신용을 효과적으로 유지 운영하여 최상급으로 관리하는 것'이라고 할 수 있다.

현대 지식기반사회의 특징이라고 할 수 있는 신용사회에서 개인의 바람직한 신용 관리야말로 훌륭한 사회 구성원으로 인정받는 필수 조건임에도 불구하고, 신용 사용 시 발생할 수 있는 '지불능력을 넘는 과소비와 충동구매 및 그에 따른 경제적 부담 가중 가능성 및 신용불량' 등의 위험성으로부터 시민들은 심각한 위협을 받고 있다.

2. 신용불량

신용불량자의 개념을 알아보면, 개정 전 '신용정보의이용및보호에관한법률' 제2조 제7호에서는 신용불량자를 "금융거래 등 상거래에서 발생한 대금 또는 대출금의 채무에 대해 정당한 사유 없이 약정된 기일 내에 변제를 이행하지 아니한 자"로 규정하였다. 은행연합회에서 정리한 신용불량자 등록 기준은 아래와 같다.

▌신용불량자 등록 기준▐

구분	내용
금융회사 연체	30만 원 이상을 3개월 이상 연체
	3개 이상 금융회사에서 각각 3개월 이상 연체
대위변제·대지급	30만 원 이상 빚보증의 상환요구를 받고도 3개월 이상 불이행
세금체납	5백만 원 이상 국세 · 지방세를 1년 이상 체납
부도	약속어음 · 당좌수표 · 가계수표의 부도
금융질서 문란	금융사기 · 신용카드깡 · 카드 부정발급 등

* 출처: 은행연합회 홈페이지

종합신용정보 집중기관을 통해 집중 관리 · 활용되는 신용불량정보는 동법시행령 및 신용정보관리규약에서 대출금 연체, 신용카드대금 연체, 할부금융대금연체, 어음 및 수표 부도, 금융질서 문란자 등 많은 불량 사유들을 규정하고 있다. 대출금과 카드대금 3개월 이상 연체 시 신용불량자로 등록되는 기준이 30만 원이지만 소액연체자들의 도덕적 해이를 막기 위해 30만 원 이하 소액연체가 3건 이상일 경우에도 신용불량자로 등록되고 등록사유가 모두 해소되어야만 해제된다.

어음이나 수표가 부도났거나 금융사기 혹은 부정대출, 허위서류 대출 등으로 금융질서를 문란하게 하는 행위를 하는 경우 등에도 신용불량자가 된다. 또한 국세, 지방세 등 세금을 체납해도 일정 기준(1년 이상 체납 또는 1년에 3회 이상 체납하고 체납금액이 500만 원 이상)에 의해 불량자로 등록된다.

전국은행연합회 신용정보공동전산망에 등록관리되는 신용불량정보는 신용불량정보 등록사유 발생일로부터 90일 이내 상환하면 해제와 동시에 삭제가 되며, 대출금, 대위변제, 대지급 등에 해당하는 거래처로서 200만 원 이하인 경우 해제와 동시에 삭제된다. 다만, 신용불량정보 등록사유발생일로부터 90일 경과 1년 이내 상환한 경우는 1년, 1년 초과 경과하여 상환한 경우는 2년 동안 기록보존 후 삭제된다. 또한 해제사유가 발생하지 않은 신용불량정보는 등록사유 발생일로부터 7년이 경과한 날에 해제되며, 해제된 후 2년이 지나면 기록이 삭제된다.

당초 신용불량 등록은 금융회사의 측면에서 기업이나 개인의 신용정

보를 집중하고 기준을 정하여 신용공여 업무에 참고하고 나아가서는 금융회사의 건전성을 도모하기 위한 목적에서 출발하였다. 그러나 이를 운용하는 과정에서 이에 따른 부작용과 신용불량자 양산이라는 사회문제가 출현하고, 그 유용성에 적지 않은 한계성을 노출시켰다. 이러한 배경으로 지난 2004년 12월 국회에서 '신용정보의이용및보호에관한법률'이 개정되었고 이에 따라 '신용불량자'라는 개념이 폐지되기 이르렀다.

'신용불량자'라는 문구가 관계법령 및 관리규약에서 삭제된 것은 개인신용평가의 기본방향이 개별 금융회사 및 개인 신용 평가회사(Credit Bureau CB)[1]가 자율적으로 수행하도록 하는 것이다. 다시 말하면 제도적 가치판단을 지양하고 금융회사가 자체적으로 판단기준을 설정하고 가치판단을 하게 한다는 시장 친화적 정책으로 전환되는 것이다. 이에 종합신용정보 집중기관인 은행연합회의 매달 신용불량자수 현황 발표는 없어졌으며, 정부는 신용불량자 대책을 내놓지 않아도 됨으로써 그만큼 상대적으로 자유로워졌다. 그러나 우리나라가 신용의 중요성에 대한 문화가 아직 정착되지 않은 점에 비추어 볼 때 이번 신용불량등록제도의 폐지는 정부가 직접적·공식적으로 신용불량등록자를 관리하지 않을 뿐이며, 더구나 신용이 좋지 않은 사람에게는 정상적인 금융거래를 할 수 있게 하는 것은 아니므로 그다지 바뀌는 사항이 없는 셈이다.

오히려 몇 가지 부작용을 낳을 수 있다는 우려의 목소리도 있다.

국내의 신용평가시스템의 선진화가 이루어지지 않은 상황에서 불량등록을 폐지하는 경우 오히려 신용관리가 충분하지 않을 수 있다. 신용불량자들에 대하여 실질적 구제나 지원책이 될 수 없으며, 각 금융기관

1) 금융기관을 회원으로 확보하고 회원 금융기관의 신용정보를 상호 제공하는 형태로 운영되며 일선 금융기관은 보통 3개 이상의 신용평가회사의 회원으로 가입하여 신용정보를 제공받고 있어 일부 미가입 제2금융권을 제외하고는 정보가 공유되고 있다.

들이 대출심사를 더욱 강화하게 되므로 단기간이나마 신용경색의 부작용이 있을 수 있다.[2)]

신용평가회사의 기능이 제고되고 금융회사간의 정보공유가 활발하게 되면 신용이 좋지 않은 소비자는 대출을 받기가 더 어려워질 것이기 때문이다. 신용불량등록이 공적인 관리에서 개별 금융회사의 자율관리로 전환됨에 따라 신용불량자에 대하여 당국이나 사회적 관리가 소홀해지고 관심도 적어지게 되어 신용관리가 해이해지는 부작용도 있을 수 있다. 채무자들이 등록제폐지를 신용사면으로 오해할 가능성 또한 있어 기초생활보호대상자 등 빈곤층이나 신용불량자가 된 청소년을 구제한다는 방침이 나온 후에는 '등록제폐지'가 '신용사면'으로 오인될 소지가 있다.

3. 신용 교육의 필요성

신용불량자 문제와 경제교육

우리나라와 같이 전통적으로 높은 학구열을 가진 나라에서 신용불량자를 포함한 대부분 국민들은 공교육의 혜택을 받은 사람들이다. 살펴본 바와 같이 내수 진작을 위한 신용카드 산업의 확장 정책이 신용불량자의 급증을 초래했다면, 그만큼 개인에게는 실소비 생활에서 경제·신용의식이 부재하였음을 반증하는 것이기도 하다.

우리나라 사람들이 과연 신용에 관해 그렇게 둔감할까? 우리나라는 역사적으로 촌락 중심의 농경문화 속에서 높은 신뢰를 바탕으로 하는

2) 신용불량자 제도 폐지 이전과 이후의 대출 신용심사 절차는 전혀 변함이 없으며, 폐지 이전에는 신용불량/양호 여부가 대출승인의 기준이었으나 폐지 이후 신용등급이 1~10등급으로 세분화되어 개인에 대한 심사기준이 까다로워지고 대출이 더 어려워졌다고 한다.

협동과 상부상조의 흔적을 찾을 수 있다. 자신의 성공을 이웃의 고마움으로 돌리고 공동체 속에서 타인의 도움을 갚아야 한다는 결초보은의 미덕을 간직한 나라이다. 유교주의를 기반으로 한 삶 속에 깊이 뿌리박힌 신용의 개념이 숨 쉬고 있다. 믿음이 부재한 서구 문화에서 부담하고 있는 사회적 비용을 비교해 보면 이러한 우리의 문화는 가치 있는 것이 아닐 수 없다.

그럼에도 불구하고 왜 경제 신용의식의 부재가 신용불량자 양산의 원인으로 작용하고 있는 것일까? 그동안의 신용에 관한 경제교육이 가정교육과 잠재적 교육을 통해 이루어져 왔기 때문이다. 자본주의 경제체제는 그 발생부터 현재에 이르기까지 시대의 흐름에 따라 변화를 통해 그 생명력을 유지해 오고 있다. 짧은 자본주의의 역사를 가진 우리나라에서 기존의 신용교육의 형태로는 거대자본 중심의 자본주의 속의 경제주체를 키우기에는 역부족이다. 보다 체계적이고 실용적인 신용에 관한 경제교육이 반드시 이루어져야 한다.

다시 말하면 경제교육을 가정교육과 잠재적 교육3)에 맡겨둔 채로는 미래 경제의 주역이 될 청소년들을 예비 신용불량자로 방치해 두는 것이라 할 수 있다. 더구나 민주시민을 양성해야 하는 학교교육의 책임을 상기해 볼 때 책임 있는 공교육 기관의 경제교육은 더욱 막중하다 할 것이다.

한편, 사회과교육은 신용문제 교육을 가장 직접적으로 다루어야 할 교과임에도 불구하고 거의 다루어지지 않았다고 할 수 있으며, 그동안 중、고교에서 교사 지도 자료나 교과서 보충자료 등을 통해 신용카드의 올바른 사용법 등 단편적인 신용 관련 교육만 해 왔다고 할 수 있다. 교육인적자원부에서는 신용에 대한 개념인식이 부족한 젊은이들이 신용카

3) 학교에서 의도하지 않고 학교의 물리적 조건, 제도 및 행정조직, 심리적 상황에 의하여 학습하게 되는 비공식적 교육과정(숨은 교육과정, 비형식적 교육과정)

드를 무분별하게 쓰고, 이 때문에 신용불량자가 되는 사례가 늘고 있어 체계적인 교육이 필요하다는 판단에 따라, 2005학년도에 사용될 중·고교 사회과 및 경제 관련 교과서에 건전한 신용관리와 합리적인 소비생활의 중요성 등 신용 관련 내용을 수록하기로 했다고 밝힌 바 있다. 즉 우리나라 신용불량 문제 실태 측면과 학생의 신용문제 의식의 미약성 측면에서 볼 때 학교 사회과교육에서 적극적인 신용문제교육을 적용해야 함에도 불구하고 2005년이 되어서야 사회과 관련 교과서에 신용문제 내용이 부분적으로 적용되기 시작한 점에서 볼 때, 학교 사회과교육이 신용문제 교육의 중요성을 인식하는 것으로 보이나 여전히 신용문제 관련 교육과정 운영 등의 측면에서 취약성을 드러내고 있다고 평가할 수 있다.

이 밖에 학교 외 경제교육의 경우, 삼성경제연구소(2004)에 따르면 최근 정부기관과 경제단체를 중심으로 경제교육 프로그램의 신설· 확대를 통한 일선 경제교육의 내실화를 추진하고 있으며 이에 '민관 경제교육 실무협의회'를 발족하였으며, 주요 방송과 언론매체, 각종 영리 및 비영리 단체, 금융기관들의 참여가 보다 활발해지기 시작하였다고 한다. 그러나 교육 내용은 주관 단체 및 기관의 성격에 따라 다양하나 최근 급속한 경제교육의 열풍으로 질적인 성장보다는 양적 범람이 우려되며, 각종 경제단체들의 경우에는 시장경제 이념 확산 및 기업과 기업인에 대한 인식 제고가 경제교육 실시의 주된 목적인만큼 신용경제 등의 생활경제와는 다소 거리가 멀다. 금융기관의 경우에는 신용교육을 포함한 재테크, 용돈관리를 위한 교육 연계형 금융 신상품을 개발함으로써 잠재고객 확보와 금융 교육을 병행하고 있으나 다분히 영리적 목적이 포함되어 있어 실질적인 교육이 되지 못하고 있으며, YMCA 신용사회운동사무국 등의 비영리 기관, 시민단체 등에서 다양한 분야를 포괄하여 경제교육을 진행하고 있으나 아직 홍보 미비와 물리적 여건 때문에 많은 학생들이 수혜 받지 못하고 있다.

▌주요 경제교육 실시기관 현황▐

실시기관	대상	on-line 프로그램	off-line 프로그램
KDI	교사	학습자료, 정책해설, 커뮤니티(공부방, 동호회, 연수교사 모임 등)	사회과 교수 직무연수
	중고생	학습자료, 정책해설, 커뮤니티(공부방, 동호회 등)	경제경시대회(04년 첫 시행)
한국은행	교사	학습자료(화폐·경제교실)	사회과 교사 직무연수, 경제교실
	중고생	학습자료 (통화정책, 금융경제 관련)	학교 방문교육
JA Korea	초중고생	커뮤니티, 자료실	학교 방문교육
자유기업원	교사	커뮤니티(시장경제 사랑단)	교사 직무연수 (교사 이코데미아)
국제경영원	교사	커뮤니티	교사 직무연수
경희대 시장경제센터	교사	–	교사 직무연수 (시장경제 아카데미)
전경련	중고생	–	학교 방문교육(청소년 비즈스쿨, 순회경제강좌)
대한상공회의소	교사	커뮤니티	경제교사 연구회, 경제교육포럼
	중고생	학습자료(만화, 콩트활용) 경제특강, 직업세계(전문가, CEO), 전자북	기업탐방, 학교 방문교육, 독후감 대회 등
중앙일보	학부모	경제교육 상담	
	초중고생	학습자료, 커뮤니티	학교 방문교육, 경제캠프
안민정책포럼	고등학생	강연 동영상, 커뮤니티 제공	청소년 시민교육 순회강연
YMCA 신용사회운동	초중고생	신용진단 프로그램, 자료제공	신용교육 캠페인, 교재발간 등
아이빛연구소	초중고생	학습자료	오프라인 교육 프로그램 개발 외부기관 전문 교육인력 파견
기타	초중고생	– 10여 개 이상의 기관이 온라인 컨텐츠 제공, 오프라인 캠프, 강좌 등을 병행 · 운영(어린이 비즈스쿨, 닥터코니, 이코비, 어린이 경제 신문 등) – 경제교사 및 사회교육과 교수 등이 개인 사이트를 운영(한진수의 경제이야기, 오교수의 경제여행 등)	

▌주요 부문별 교육 현황▐

교과 학습 지원

생활 경제 교육 ← 경제 이론 및 관련 지식 → 시장경제 이념교육

시사 경제 교육 　 시사 경제 교육

	생활 경제	교과 학습 지원	시장경제 이념	시사 경제
주요 내용	금융, 세금, 직업, 소비자, 신용교육	교과과정 내 교수 학습 자료	시장경제원리와 자유주의, 기업활동	경제 관련 기사 및 논평
주요 기관	한국은행, 국세청, 금융기관 및 협회, 소보원, YMCA등	KDI, 사범대 교수 및 사회과 교사 개인 운영 홈페이지	전경련 (국제경영원, 자유기업원 등) 안민정책포럼 등	주요 언론사 및 방송국 등

Part 04 경제 테크

제 1 장 라이프사이클과 재무설계

1. 20대 결혼도 분명 투자, 경영마인드로 접근하라!

제일기획이 25세에서 34세까지의 미혼 남녀 400명을 대상으로 결혼에 대해 어떻게 생각하는지를 조사한 결과 예전처럼 '세상 물정 모를 때 결혼해야 한다.'거나 '때가 되어 결혼한다.'라고 답한 사람은 거의 없었다. 대상자의 62.1%가 '결혼도 일종의 투자'라고 대답했고, 84.4%는 '결혼은 노후 준비의 시작'이라고 답을 했다. 그래서 소개받을 때에 조건을 살피게 되고, 능력이 있으면 나이 차이는 문제가 되지 않는다고 했다. '상대방'과 '사랑'보다는 '조건'과 '능력'이 점점 중요하다는 이야기로 들린다. 이들 중 90%가 결혼 생활에도 경영 마인드가 필요하다고 답했다. 이들은 혼(婚)테크를 통해 삶의 질적 향상을 추구해야 한다고 했는데 혼테크는 단순히 돈 많은 삶이나 과시적인 삶을 수단이 아니라 자기 수준에 맞는 즐거운 삶을 이루기 위한 선택이라는 것이다.

결혼도 투사라는 관점에서만 바라본다면 낭만적이어야 할 결혼이 손익 계산을 하는 것 같아 씁쓸한 마음도 없지 않으니 요즘의 경제적 현실을 고려해 보면 젊은이들의 현명하고 지혜로운 선택이라는 생각도 들 만하다. 미혼 남녀들을 위한 결혼 전략에는 무엇이 있을까?

1) 먼저 결혼을 위한 재무 목표를 구체적으로 세워라

언제 결혼할 것인지 결혼 자금은 얼마가 필요할지 또 결혼 생활은 어디에서 시작할 것인지 주거 계획도 세워둔다. 물가 상승을 감안하여 결혼에 필요한 금액을 따져보고 투자 계획을 세운다. 만일 결혼할 상대가 정해져 있다면 둘이 함께 의논하여 계획을 세우는 것이 서로에게 도움이 될 뿐만 아니라 효과적인 실행을 할 수 있다.

2) 자신의 재무 상황을 파악해 보라

저축 계획을 세우기에 앞서 먼저 할 일은 자신의 재무 상황을 진단해 보는 일이다. 직장 초년생의 경우 대부분 모아 놓은 자산보다는 마이너스 통장과 같은 부채가 더 많을 것이다. 가족 부양 등 정말 어쩔 수 없는 경우를 제외하고는 마이너스 통장을 사용하는 일은 경계해야 한다. 또 부채를 얻어 주식에 투자하는 것도 절대 금물이다.

수입과 지출 내역을 따져보고 지출이 어떻게 발생하고 있는지에 대해 기록하고 지출 원인을 파악한다. 만일 불필요한 지출이 있다면 줄일 수 있는 방안을 모색해 보고 도박, 인터넷 게임 등 습관성 지출이라면 전문가의 도움을 받아보는 것도 좋다.

3) 수입의 절반 이상을 저축하라

목돈을 마련하기 위해서는 저축 습관이 매우 중요하다. 특히 마음먹고 목돈을 마련할 수 있는 시간은 결혼 전부터 첫 자녀 출산 전까지이다. 따라서 저축은 주위 사람들에게 지독하다는 소리를 들을 정도로 다소 무리하게 계획을 세워도 좋다. 흔히 '여유 돈이 있어야 저축하지' 하지만 여유 돈이란 평생 살아도 저절로 생기지 않는 법이다. 미리 저축 계획을 세워 놓고 자신이 버는 수입의 절반 이상을 저축과 투자 통장으로 빠져갈 수 있도록 자동이체를 해놓는 것이 바람직하다.

4) 적금 치르듯 적립식 펀드에 투자하라

지금은 '저축의 시대가 아니라 투자의 시대'라는 말을 누구나 공감하는 말일 것이다. 젊을 때는 어느 정도 위험을 감수하면서 수익을 낼 수 있는 금융 상품에 가입해야 한다. 특히 장기 투자를 목표로 할 경우 위험 요소는 투자하는 시간으로 상쇄시킬 수 있기 때문이다. 그 대안이 바로 펀드투자이다. 펀드에 투자를 하되 적금을 치르듯 적립식 펀드에 투자하면 된다. 한 달에 10만 원이던 20만 원이던 결혼 자금, 주거 마련 등 투자 목적을 정해서 매월 투자하라. 투자는 국내 주식형 펀드나 신흥시장에 투자하는 해외 펀드를 적절히 배분한다.

'요즘같이 주식 시장 등락이 심한 때는 펀드에 투자하면 손해 보는 것 아닌가요?'하고 묻는 사람들이 있으나 적립식 투자 방식은 주가의 등락이 심할 때 더 유리한 방식이다. 평균 매입 단가가 낮아지는 효과가 있기 때문이다.

펀드를 고를 때는 무조건 높은 수익률만 쫓아서는 곤란하다. 운용사와 펀드 매니저의 운용 철학이 자신의 투자 성향과 맞는지도 살피고 자산 규모, 투자 금액, 투자 시간, 투자 목표에 따라 자신에게 적합한 상품인지도 고려하여 투자하는 것이 좋다.

5) 절세형 금융 상품에 가입하라

내야 할 소득세가 많지 않을 때는 굳이 절세형 상품에 들지 않아도 된다. 하지만 단돈 만 원이라도 절세가 하고 싶다면 절세형 상품에 가입한다. 먼저 주택 마련을 위해서라면 청약저축에 가입한다. 청약저축은 사실 106㎡(32평형)이하인 전국의 분양 아파트에 대해 청약할 수 있는 권리가 있다.

그 다음 필수 절세 상품은 장기주택마련저축(펀드)이나 개인연금저축(펀드)인데, 이 상품들은 증권사에서 파는 펀드로 가입할 경우 세금 혜택도 보고 수익도 낼 수 있는 상품들이다. 직장을 다니는 근로자라면 저축액의 40%까지, 연간 300만 원 한도로 소득 공제가 가능하다.

6) 위험을 대비하여 보장성보험에 가입하라

결혼을 안했는데 보험에 가입할 필요가 있느냐고 생각할지 모르나 불의의 사고로 상해를 입거나 전혀 생각지도 않은 질병에 걸리는 등 우리의 삶 속에서 위험은 예고 없이 닥치게 된다. 물론 경제적인 여유가 없는 젊은 사람들에게는 보험보다는 투자를 통해 목돈 마련이 우선일 수 있으나 미래에 발생할지도 모르는 위험을 대비하는 것도 현명한 투자 전략임을 잊지 말자.

결혼 전에 가입할 보험 상품으로는 저축성보다는 보험료가 저렴한 보장성보험이 좋다. 사망보험을 목적으로는 정기보험에 가입하고, 상해나 질병을 담보하는 건강보험은 나이가 젊을 때 가입하는 것이 훨씬 경제적이다.

7) 경제 마인드를 가져라

열심히 목돈 마련해서 결혼 예물을 준비하고 가전제품이나 좋은 가구, 자동차 등을 구입하는 것도 좋지만 이것은 투자가 아닌 소비임을 명심하자. 대신 통장에 만들어 간다면 미래에 경제적 여유를 누릴 수 있는 현명한 투자이다. 이런 사고를 가지는 것 자체가 경제 마인드이다. 그런데 경제 마인드는 하루아침에 만들어지지 않는다. 경제 신문이나 경제 관련 서적을 읽는 등 젊을 때부터 경영에 대한 공부를 끊임없이 해야 한다. 그래야 돈의 흐름이 보이고 경제적 자유를 누리면서 노후까지 멋진 인생을 즐기며 살 수 있다.

2. 30대 내 집 마련의 꿈

집 없는 서민들에겐 조그만 내 집 하나 갖는 것이 꿈이다. 그래서 허리띠 졸라매고 절약하며 열심히 저축해보지만 조그만 집 한 채 장만하기가 쉽지 않다. 하늘 높은 줄 모르고 치솟는 집값을 따라 잡을 수 없기 때문이다. 그렇다면 가만히 앉아 올라가는 집값만 바라볼 수 없지 않은가? 못 올라갈 나무는 쳐다보지 말자고 포기하기보다는 희망을 가지고 구체적인 계획과 치밀한 전략을 세워 시도해 본다면 내 집 마련 꿈이 실현되지 않을까?

내 집 마련을 할 때 가장 먼저 할 일은 어느 지역에 주거지를 마련할지 거주 지역, 거주 형태 및 규모를 정하는 일이다. 거주 형태는 크게 단독 주택과 공동 주택으로 구분할 수 있는데, 많은 사람들이 선호하는 공동 주택인 아파트를 중심으로 몇 가지 전략을 세워보자.

1) 청약가점제에서 소외된 신혼 부부 '신혼부부 주택제도'를 노려라.

2008년 정부가 발표한 저소득 신혼부부에 대한 주택 공급 정책은 매년 5만 가구씩 공급되는데, 이 중 임대주택이 3만 5천 가구, 분양 주택이 1만 5천 가구다. 청약 자격은 결혼 5년 내 무주택자로 아이를 출산한(입양도 포함) 부부에 해당되고, 3년 내 출산한 부부에게 1순위 자격이, 4~5년 내는 2순위 자격이 부여된다. 면적은 전부 전용 면적 60㎡ 이하 소형이다. 공공 주택은 청약부금 가입자에게, 민간 주택은 청약예금 가입자 중 일부에게 기회가 주어진다. 단 신혼부부가 수도권에서 공공 주택을 우선공급 받으면 10년간, 민간 주택일 경우 7년간 각각 전매가 제한된다는 점이다.

2) 재개발 지역에 투자해 볼까?

강북권의 뉴타운과 재개발 지역에 대한 관심이 높아지고 있다. 재개발 지역은 무엇보다 소액으로 집 장만을 할 수 있다는 점에서 좋은 투자 전략이다. 다가구나 빌라, 노후 된 단독 주택을 구입하면 입주권을 확보할 수 있고, 적은 금액으로 내 집 마련과 함께 투자 수익을 올릴 수 있다. 그런데 다가구를 구입할 때는 유의할 점이 있다. 2008년 7월부터 서울 시내에 새로 건축되는 가구당 전용 면적 60㎥ 이하의 다가구 주택은 재개발 아파트 분양권을 받을 수 없게 된다는 점이다. 단독 주택을 헐고 다가구를 신축하여 여러 가구로 지분 쪼개기가 성행하고 있다는 판단에 따른 서울시의 조치이다.

재개발 지역의 투자 포인트는 단계별 진행 속도에 따른 타이밍이다. 재개발은 일반적으로 구역지정 → 조합설립인가 → 사업시행인가 → 관리처분인가 → 착공 및 준공 등 여러 단계에 거치기 때문에 짧게는 5년, 길게는 10년 이상 걸릴 수 있어서 단계에 따른 투자 금액과 위험이 따른다. 자기 자본이 아닌 타인 자본을 빌릴 경우 시간이 오래 걸리게 되면 금융비용 부담이 늘어 수익도 떨어지고, 계획이 지연 또는 취소될 경우 자칫 낭패를 볼 수 있다.

3) 청약가점 높은 무주택자, 재개발 지역의 일반 분양이 답이다.

서대문 가재울, 수색, 증산, 불광, 신당, 성북, 길음, 장위, 북아현, 신림 등 뉴타운 지역에서 분양하는 일반 분양 물량을 기다려보자.

반면 청약 가점이 낮고 결혼한 지 오래된 무주택자들은 미분양도 주목해 볼만 한데, 미분양은 진흙 속에서 진주를 캔다는 기분으로 꼼꼼히 따져봐야 한다. 아무래도 인기가 낮은 이유가 있기 때문이다. 미분양 아파트는 역세권이면서 단지가 크고 계약률이 50% 이상인 곳을 고르는 것이 좋다. 상도, 노량진, 김포, 고양, 인천 등에 미분양 단지가 있는데 직접 찾아가 문제점이 없는지 확인해 보고 부동산 전문가의 조언을 들은 후에 결정하는 것이 바람직하다.

4) 공공 택지 내 소형 아파트를 공략하자.

한편 정부가 분양가를 최대한 낮게 공급하겠다고 발표했는데 분양가가 크게 낮아지는 공공택지 내 전용 면적 85㎥ 이하 소형 아파트도 공략할 만한 대상이다. 이들 소형 아파트는 인근 시세보다 훨씬 저렴하게 분양 받게 되는 만큼 상당한 시세 차익도 노릴 수 있어 '로또 아파트'가 될 것으로 보인다. 특히 분양가 상한제와 청약가점제의 최대 수혜자인 장기 무주택자들에게는 더 없이 좋은 기회가 될 것 같다.

5) 정부 임대 주택이나 서울시 장기전세 주택제도에 관심 갖자.

모아 놓은 자금이 없거나 주택 구입이 어려운 독자들은 정부의 임대주택 제도나 서울시의 장기전세 주택제도(시프트)를 이용하는 것도 좋은 방안이다. 물론 구입하는 기쁨보다는 덜 하겠지만 잦은 이사나 매년 집세가 올라가는 데 따른 부담을 줄일 수 있다는 면에서 좋다.

국토해양부는 대통령 업무보고에서 용적률 상향과 중고 제한 완화 등을 통해 소형 분양 주택과 임대 주택 공급을 늘린다는 계획을 발표했다. 서울시도 역세권에 1만 호의 장기전세 주택과 3만 호의 일반 분양주택 등 총 4만 호를 공급하겠다고 했다. 장기전세 주택 중에도 중대형도 포함되어 있어서 주택이 없는 서민들이 주거용 주택을 마련하는 데 다소나마 도움이 될 것으로 보인다.

우리나라에서 주택 마련은 단순히 주거 목적을 위한 공간이라기보다는 재산 증식의 수단으로 이용되어 왔다. 하지만 앞으로도 과거처럼 재산 증식 수단이 될 것인지는 두고 볼 일이다. 지금의 45세에서 55세인

베이비 붐 세대가 은퇴하게 되면 인구통계학 상 주택 가격이 하락할지도 모른다는 연구 보고가 있다. 그렇다고 한다면 2030세대는 임대 주택이나 장기전세 주택에도 관심을 가지면서 주택 구입을 최우선 목표로 하기보다는 오래 사는 위험에 더 초점을 맞출 필요가 있다.

3. 40대 자녀교육

자녀교육비는 학제별로 나눠서 준비해라.

대한민국 부모들의 가장 큰 골칫거리는 자녀교육비다. 보건복지부에서 우리나라 기혼 여성 6,472명을 대상으로 조사한 바에 따르면 생활비 중 자녀교육비가 1순위를 차지하는 비율이 57.7%였다. 그리고 한국보건사회연구원이 전국 1만 6,000가구 중 18세 미만 아동이 있는 6,787가구를 대상으로 조사한 〈2006년 자녀양육비 실태〉에 따르면, 자녀 한 명을 낳아 대학을 졸업시킬 때까지 들어가는 총 양육비는 2억 3,000만원이 넘는 것으로 나타났다. 총 양육비는 주거와 교육통신비 등 가족공통비용 가운데 자녀 몫과 자녀의 개인비용을 모두 합친 비용이다. 자녀의 개인비용은 개인과외를 포함한 교육비와 보건의료비, 식료품비 등이다.

생애 단계별 자녀 1인당 양육비를 보면, 출생에서 취학하기 전까지의 아동기인 6년간은 4,957만 원으로 월평균 약 68만 원, 연평균 약 826만 원이 들어가는 것으로 나타났다. 초등학교는 5652만원으로 아동기에 비해 약 15% 증가한 월평균 약 78만 원, 연평균 약 942만 원을 쓰는 셈이다. 중·고등학교는 6,724만 원으로 초등학교에 비해 약 20% 정도 늘어난 연평균 1,120만 원이다. 거기다 대학 과정은 5,865만 원의 비용이 들어간다. 이는 자녀의 유학이나 해외연수 비용은 제외된 금액으로 유학이나 해외연수까지 보낸다면 이보다 훨씬 더 큰 금액이 예상된다.

자녀 1인당(태어나서 대학 졸업 때까지 22년 동안) 월평균 87만 원가량 들어가는 셈이다. 이런 상황에서 부모들이 자녀교육비를 학교 들어가기 전에 한꺼번에 준비하려고 하면 그야말로 난감하다. 특히 아이가 이미 대학을 다니고 있는데 한 학기 한 학기 학비를 충당하려고 하면 더욱 더 힘들 것이다. 따라서 교육비 예산만큼 아이의 출산 계획과 동시에 진행해야 한다.

자녀교육비를 준비하는 가장 좋은 방법은 학제별로 나눠서 준비하는 것이다. 아이가 초등학교에 들어가기 전인 8세 전까지 초등학교 교육비를 만들어놓고, 중학교 교육비는 초등학교 6년간, 대학교 등록금은 고등학교 3년간 만드는 식으로 진행한다. 그렇게 준비 시기와 금액을 결정한 뒤 거기에 낮는 본격적인 투자를 시작해야 한다. 단 자녀교육비를 마련할 때는 교육비가 물가상승률보다 더 높다는 점을 감안해야 한다. 특히 대학등록금은 물가상승률의 2배로 뛰어오르고 있다는 점을 감안해 준비해야 한다.

자녀교육비는 다른 것과는 달리 수익률이 매우 중요하다. 곧 물가상승률 이상의 수익률을 기대할 수 있는 상품에 투자해야 대학 자금까지 원하는 금액을 만들 수 있다. 그런 만큼 금리가 낮은 예금이나 적금의 비율을 높이기보다는 적립식 펀드나 7년 이상 저축할 경우 비과세가 되는 장기주택마련 펀드와 같은 투자 상품들의 장단점을 비교해서 적절히 조합하는 것이 좋다.

최근에 많이 출시되고 있는 어린이 펀드도 투자 대상으로 적합하다. 어린이 펀드는 자녀교육비 마련을 위한 특화 상품으로 장기투자를 목적으로 운용된다. 주식 편입 종목에서 지속적으로 성장 가능한 안정적인 두사가 가능하며, 어린이 대상 경제교육 프로그램 등 다양한 부가 서비스를 이용할 수 있다. 아울러 어린이 펀드는 자녀 명의로 가입하게 되면 증여세 공제 혜택을 받을 수 있으므로 자녀의 성장에 필요한 자금 및 성장 후 자립을 위한 자금 마련을 위한 투자 대상으로 안성맞춤이다.

유의할 점은, 자녀교육비는 어떤 특정 상품에만 투자하지 말고 골고루 분산하여 투자해야 한다. 또 자녀교육에 무조건 올인하기 보다는 부모의 노후 대비도 함께 해야 한다. 자녀를 사랑하는 마음이나 아낌없이 지원해주고 싶은 것은 모든 부모들이 지닌 마음일 것이다. 하지만 자녀를 진정으로 사랑하는 마음에는 부모의 노후에 대한 부담을 지우지 않는 것도 포함된다. 자칫 자녀교육비 마련에 소득을 과다하게 지출하다가 정작 본인들의 노후는 준비하지 못하는 경우가 발생할 수 있다. 자녀교육비 마련과 동시에 행복한 인생 후반적인 노후 대비를 위한 재테크도 잊지 말아야 한다.

4. 결혼자금은 자녀와 함께 준비하라

신혼부부를 대상으로 조사한 통계자료에 따르면, 결혼 준비 과정에서 스트레스를 받는 이유 1위가 경제적 부담이다. 2위가 결혼 준비에 대한 의견차, 3위가 결혼 절차의 복잡함으로 나타났다. 그리고 실제 결혼 준비를 하다가 경제적인 문제로 결혼을 망설인 경험이 있다는 대답이 66.5%로 나타났다(출처: 결혼정보회사 듀오).

또 우리나라 미혼 남녀의 혼수 비용 중 가장 큰 비중을 차지하는 것 1위가 바로 내 집 마련, 2위가 예식장, 3위가 예단 순으로 나타났다. 그러다보니 혼수 비용으로 남자는 평균 9,609만 원, 여자는 평균 3,335만 원을 사용하는 것으로 나타났다(출처: 보건복지부 2005 한국의 결혼문화 실태 조사).

이렇다보니 많은 부모들이 자녀의 결혼자금에 부담을 느끼고 있다. 자식에게 편안한 삶을 살 수 있는 기반을 마련해주고 싶은 것이 부모의 마음이기 때문이다. 하지만 결혼할 나이가 됐으면 자립심을 가르치는 것도 부모가 해야 할 몫이다. 또 고령화 사회가 되면서 자녀 결혼자금을 대느라 너무 무리하게 되면 정작 부모의 노후는 불안해질 수밖에 없다. 개인이 아닌 가족 전체의 경제 중대사인 결혼자금을 성공적으로 마련하기 위해서는 부모와 자녀가 함께 준비하는 것이 현명한 방법이다.

우선 부모가 자녀 결혼자금 전액을 준비해야 한다는 생각부터 바꾸어야 한다. 자녀의 연령이 20대 사회초년생이라면 부모가 40%, 자녀 본인이 60% 정도 마련하는 것이 바람직하다. 자녀 나이가 그 이상이라면 더욱더 부모의 부담 비중이 줄이는 것이 좋다. 그리고 결혼자금은 최소한 3년 전부터 준비하는 것이 바람직하다. 너무 일찍부터 준비하게 되면 구체적인 계획을 잡기 어렵고, 시간이 촉박할 경우에는 충분한 자금을 준비하기 힘들 수도 있기 때문이다. 만일 시간이 촉박하다면 원금손실 위험이 없는 안전한 예금이나 적금을 활용하는 것이 좋다. 아직 시간적 여유가 있다면 다소 위험부담이 따르더라도 수익률이 높은 펀드 쪽에 투자하는 것을 고려해볼 만하다.

한편, 자녀 역시 스스로 결혼자금을 준비해야 한다. 이때는 다음과 같은 3가지 법칙을 가지고 준비하면 유용하다. 가장 먼저 해야 할 일은 기본적으로 수입의 50% 이상은 저축하는 것이다. 특히 남성에게 결혼자금은 바로 '주택구입자금' 또는 '전세자금'이라고 해도 과언이 아니다. '전세자금' 마련을 위한 구체적인 목표 금액을 세운 다음, 매월 꾸준하게 투자해 목돈을 마련해야 한다. 남성에 비해 상대적으로 비용이 적게 들어가는 여성 역시 구체적인 결혼자금 목표를 정하고 저축하는 것이 좋다.

다음은 결혼 비용의 거품을 줄이는 것이다. 결혼 비용 거품 항목 분포도를 보면 1위가 예단, 2위가 결혼식, 3위가 예물 순으로 나타났다. 본인의 경제 상황에 맞게 줄일 부분의 거품은 최대한 과감하게 줄이는 것이 좋다.

이렇게 거품을 줄이고도 결혼 비용이 모자라는 경우에는 공공기관에서 시행하고 있는 '결혼자금대출'을 알아보는 것도 한 방법이다. 연 근로소득 2000만 원 이하에서 신용도에 문제가 없다면 신청이 가능하다. 생활안정자금융자신청서, 전년도 근로소득원천징수 영수증 사본, 결혼을 증명하는 예식장 계약서 또는 청첩장을 가져가면 대출을 받을 수 있다.

결혼자금 대출제도는 연 3.4%의 비교적 싼 이율로 받을 수 있고, 거치 기간이 1년, 나누어서 갚을 수 있는 기간이 3년으로 혼수 비용을 줄일 수 있다. 하지만 이 역시 대출이므로 상환 계획을 신중히 고려해서 받아야 한다. 대출 상품의 종류, 대출 직후 자금운용 등 부부의 재정 상태를 정확히 판단해 선택해야 한다.

5. 50대 노후 준비

긴 인생, 더 이상 축복이 아니다

역사상 한 번도 구경해본 적이 없는 고령화 사회의 짙은 그림자가 우리에게 몰려오고 있다. 고령화에 대한 두려움이 우리 사회를 점차 무겁게 짓누르고 있다. 과연 우리는 품위 있게 사망할 수 있을까? 생활비는 충분할까?

긴 인생을 축복이라 할 수 없게 만드는 것은 우리 사회가 세계에서 가장 빠른 속도로 고령화되고 있다는 것이다. 고령화 속도가 빠른 것은 우리나라 사람들이 특별히 다른 나라 국민들보다 나이를 많이 먹기 때문이 아니다. 바로 출산율의 저하로 젊은이들이 줄어드는 데 비해 생활수준의 향상과 의료 기술의 발달로 수명이 늘어나고 있기 때문이다.

몇 년 전까지만 해도 우리 사회는 대가족 제도의 전통을 가지고 있었기 때문에 자식이 부모를 부양하는 책임을 지는 것이 당연시됐다. 하지만 이제는 핵가족화와 의식 변화로 자식들이 부모를 부양하는 것에 대해 긍정적이지 않다.

결국 노후를 스스로 준비하는 일이 이제는 '선택'이 아니라 '필수'가 돼가고 있다. 특히 현재 40~50대는 더욱 긴장해야 할 것이다. 대부분 부모를 부양하면서도 막상 자신은 자녀들로부터 어떤 부양도 받지 못하는 첫 번째 세대가 될 가능성이 높기 때문이다.

기간별 포트폴리오를 마련하라

분산투자와 포트폴리오 구성은 투자의 기본이다. 은퇴 이후에도 마찬가지다. 근로소득이 있을 때와 여러 가지 면에서 원칙이 달라져야 하지만, 분산과 포트폴리오라는 대전제에서 벗어날 수 있는 것은 아니다.

자산의 위험과 안정성을 따져 포트폴리오를 구성하는 것 외에도 은퇴 이후에는 기간별 자산운용 계획을 짜는 일이 무엇보다 중요하다. 퇴직을 하고 나면 '퇴직금과 그 동안 모아두었던 돈을 은행에 예치하고 이자를 받아 생활하거나 상가를 매입해 임대 수입으로 생활을 꾸려나가면 되겠지' 하는 생각을 하기 일쑤다. 하지만 은퇴 이후의 재무설계는 그리 간단한 것이 아니다. 정년은 짧아지고 평균 수명은 길어지는 현대인의 은퇴 생활은 20년에서 길게는 30년을 넘어서는 기나긴 시간이다. 대수롭지 않게 생각하고 허술하게 계획을 짰다가는 재정적인 난관에 부딪히기 십상이다.

은퇴기간, 단계별로 구분

먼저 은퇴 이후의 생활을 구체적으로 그려보자. 현업에서 물러났다고 해서 낭상 다음 날부터 종로의 탑골공원에 나가 소일하지는 않는다. 회사 업무에 얽매여 있을 때 하지 못했던 취미 생활도 즐기고, 배우자와 함께 국내외로 여행도 다니고 싶다. 퇴직했다고 해서 사람들과의 관계를 무 자르듯 단박에 끊어버릴 수 있는 것도 아니다. 시간이 지나면 차츰 사람들과의 관계가 소원해지겠지만, 은퇴 후 몇 년 동안엔 친하게 지냈던 사람들과 술자리도 갖고 경조사도 챙기게 된다.

그러다 60대를 지나 70대에 접어들면 체력이 약해지고 건강도 차츰 악화된다. 이때부터는 문화생활과 사회적인 교제가 줄어들고 집에서 가족과 보내는 시간이 길어진다. 지병이나 노환으로 세상과 이별할 때까지의 생활은 은퇴 직후에 비해 무척 단조롭다.

은퇴 후 60대 중반까지는 기본적인 의식주 외에 문화생활이나 사회적인 활동으로 인해 적지 않은 지출이 발생한다. 그 후부터는 문화생활이나 사회적 활동에 들어가는 비용이 차츰 줄어들다 사망 직후에는 의료비 지출이 크게 증가한다. 질병에 따라 의료비는 막대한 부담이 될 수도 있다.

은퇴 이후의 재무 설계에도 연령대에 따른 삶의 변화를 반영해야 현실적인 자산관리를 할 수 있다. 우선 노후 생활을 60대 중반까지와 그 이후로 구분해 필요한 비용을 서로 다른 잣대로 추산해야 한다. 재정적인 상황을 감안해 건강이 허락하는 시간까지 문화생활이나 사회적 활동에 필요한 비용을 연간 단위로 추정하고, 전체 자산 가운데 그 시기에 필요한 자금을 할애한다. 그리고 외출이 줄어들어 자연스럽게 지출이 감소하는 은퇴 후반의 생활자금은 상대적으로 적게 안배한다.

더 구체적으로 들어가면 부부가 함께 건강하게 생활하는 시기와 의료비가 집중적으로 들어가는 시기, 부부 가운데 한 명이 먼저 세상을 떠나고 남은 배우자가 혼자 생활하는 시기 등으로 구분할 수 있다. 부부가 모두 건강해서 여유로운 생활을 즐길 때보다는 고령화될수록, 그리고 배우자 혼자 생활할 때 필요한 비용이 줄어들 수밖에 없다. 기간별로 자산을 배분할 때는 이 같은 사이클을 충분히 반영해야 한다. 또 의료비 지출에 대해서는 현재의 건강 상태와 질병의 가족력, 기존에 준비해둔 보험의 보장 내용 등을 감안해 계획을 세우도록 한다.

은퇴 후 필요 자금의 가장 큰 변수는 다름 아닌 자녀의 결혼이다. 은퇴는 짧아지고 결혼 연령은 늦춰지는 것이 추세다. 60세가 지나서 은퇴를 한다 해도 아직 출가하지 않은 자녀를 둔 경우가 적지 않다. 결혼 적령기가 높아지고 재테크에 관심을 갖는 20~30대가 늘어나면서 결혼 전 일정 수준의 경제력을 갖추는 사람들이 많지만 부모의 도움이 전혀 필요 없는 것은 아니다. 자녀의 결혼 시기와 필요한 비용을 예측해 미리 대비하는 것도 은퇴 이후 재무 설계에서 빼놓을 수 없는 부분이다.

장기 자금일수록 공격적으로 운용

지금까지 살펴본 것처럼 은퇴 이후의 삶은 결코 단조롭거나 평면적이지 않다. 나름대로 굴곡이 있고, 변화도 적지 않다. 상황에 따라 손에 쥐어야 하는 자금 규모도 다르다. '퇴직금 받으면 은행에 넣어두고 이자에 맞춰 살면 되겠지'하는 생각이 안이하다는 이유가 여기에 있다.

향후 필요한 비용이 얼마나 될지 대략적인 그림을 그리고 난 다음에는 부족한 부분을 어떻게 채울 것인가를 고민할 차례다. 은퇴 후 돈이 많다고 해서 부족한 면이 전혀 없는 것은 아니다. 또 가진 것이 적다고 해서 그만큼 채워야 할 부분이 큰 것도 아니다. 이는 노후 생활의 형태와 기대치에 따른 상대적인 문제다. 중요한 것은 가진 것만으로 남은 인생을 부족함 없이 이어갈 수 있는 상황이 아니라면 채우기 위한 대책을 찾아야 한다는 데 있다.

단기 자금일수록 안정적으로, 장기 자금일수록 공격적으로 운용해야 한다는 재테크의 기본 원칙은 노후에도 그대로 적용된다. 일상적인 생활자금 가운데 60% 이상은 매달 나오는 연금으로 충당할 수 있도록 하고, 여행비용이나 자녀의 결혼 비용을 마련하기 위한 종잣돈은 가급적이면 시장 리스크에 노출되지 않는 금융상품에 투자하는 것이 좋다. 원금에 손실이 생겨도 여행이라면 경비를 줄이거나 해외를 국내로 바꾸는 등 대안이 있겠지만 자녀의 결혼 비용 같은 중요한 자금은 손실이 발생해서는 곤란하다.

저축은행이나 새마을금고의 고금리 예상 상품에 가입하거나 원금이 보장되는 주가지수연계연금(ELD)에 가입하는 것도 한 가지 방법이 될 수 있다. 은행권 이자가 지나치게 낮다면 그보다 높은 금리를 제공하는 RP나 회사채에 투자하는 것도 고려해볼 만하다. 물론 회사채에 투자할 때는 신용 등급이 낮아 부도의 위험이 높은 기업보다는 이자를 조금 덜 받더라도 투자 등급 이상의 신용 상태를 유지하는 기업이 안전하다.

10년 이상 장기적으로 굴릴 수 있는 자금이라면 일정부분 리스크를 감내하더라도 단기 자금보다 공격적으로 운용할 필요가 있다. 이때 위험자산에 대한 투자는 '100-나이'원칙에서 크게 벗어나지 않도록 주의해야 한다. 또 위험자산 내에서도 가격 변동성이나 리스크 정도에 차이가 있다는 사실을 인식하고 지나치게 큰 위험은 피하는 것이 좋다.

10~15년 이후를 내다보는 자금이라면 가치투자 펀드에 장기적으로 투자해 복리 효과를 얻는 것도 한 가지 방법이다. 가치투자는 비교적 수익률 변동성이 작다. 또 시장 추세를 적극 반영하는 주식형 펀드에 비해 회전율이 낮기 때문에 펀드의 총 비용이 낮은 편이다. 물론 가치투자를 표방하는 펀드 가운데서도 종목 보유 기간과 수익률에 적지 않은 차이가 있기 때문에 가입에 앞서 꼼꼼하게 따져보는 것이 기본이다. 일반적인 주식형 펀드를 가입할 때도 중소형 주에 투자하는 상품보다 대형 우량주나 배당주에 주로 투자하는 펀드를 고르는 것이 안정적으로 수익을 낼 수 있는 방법이다.

장기간 여유를 갖고 투자할 수 있는 돈이라면 이머징 마켓의 주식형 펀드도 고려할 수 있다. 이머징 마켓은 특성상 주가 변동성이 높고, 지역에 따라 이미 주가가 고평가된 경우도 있다. 지난해 수익률 1위를 달렸던 펀드가 1년 만에 그 동안의 수익을 모두 반납하게 하거나 원금 손실까지 보게 하는 일도 종종 있다. 하지만 과거 시장의 역사 속에서 10년 이상 장기투자일 때 주식의 채권이나 부동산 등 다른 자산에 비해 수익률이 앞섰다는 사실이 입증되었고, 앞으로 10년 이상을 내다볼 때 선진국의 주식보다 이머징 마켓의 수익률이 앞설 것이라는 것이 증권업계 전문가들의 공통된 전망이다.

다만 베트남이나 러시아 등 하나의 특정 국가에 투자하는 펀드보다 여러 국가에 분산해 투자하는 펀드가 안전하다. 여러 국가를 묶은 펀드 중에서 마음에 드는 상품을 찾을 수 없는 경우에는 특정 지역 펀드로 자신만의 포트폴리오를 만들 수도 있다.

또 이머징 마켓 펀드에 목돈을 거치식으로 투자하는 것은 위험할 수 있다. 2005~2007년 중국 증시가 고공 행진을 했을 때처럼 투자 지역의 주가가 급등한다면 거치식 펀드에 투자하는 것이 수익률을 극대화할 수 있다. 하지만 조정을 받을 때는 그만큼 손실을 입을 수 있는 위험도 크다. 장기간 투자할 목돈이 마련되어 있을 때도 한꺼번에 투자할 것이 아니라 CMA나 MMF에 예치한 후 적립식으로 매달 일정 금액을 투자하는 것이 안정적이다.

펀드매니저들은 대부분 장기투자를 권유한다. 어떤 종목에 투자했는가 하는 것보다 시장에 얼마나 머물러 있었는가에 따라 수익률이 좌우된다는 얘기다. 하지만 길게 투자한다고 해서 항상 이기는 것은 아니다. 또 장기투자는 맡겨놓고 방치하는 것과 다르다. 손실만 안겨준 펀드를 오래도록 간직한 채 언젠가는 수익을 내주겠지 기대한다면 현명한 장기투자라고 보기 힘들다. 장기적인 호흡으로 투자를 한다 해도 펀드가 투자 목적에 맞게 운용되고 있는지 살피고, 가격 변동에 따라 바뀐 안전자산과 위험자산의 비중을 원칙에 맞게 조정하는 과정도 필요하다.

TIP 미래를 위한 필수 요건

재무설계의 7가지 원칙

요즘 재무설계가 인기다. 부자들만 하는 건 줄 알았는데 일반 서민들도 가능하다고 한다. 그래서 많은 사람들이 재무설계를 하고 있다. 그렇다면 과연 재무설계란 무엇인가? 절대 어려운 게 아니다. 자기 가정을 한 번 되돌아보고 혹시 잘못된 구조로 인해 줄줄 새나가는 돈은 없는지 먼저 점검한 다음, 앞으로의 계획들(재무목표)에 대해 최선을 다해 노력하는 과정이다. 이게 바로 재무설계이다. 다음 7가지 원칙만 잘 지킨다면 누구나 쉽게 재무설계를 할 수 있다.

1. 목표를 설정하라

무엇을 하든 가장 먼저 하는 것이 바로 목표 설정이다. 이는 회사를 경영하는 사람이나 영업을 하는 사람에게만 적용되는 것이 아니다. 일상생활 속에서도 여러 가지 목표 설정은 필수이다. 길게는 은퇴 이후 공기 좋고 인심 좋은 한적한 시골 마을에 아담한 집을 한 채 짓고 작은 텃밭을 일구면서 여유롭게 살고 싶다는 대한민국 대표 노후계획부터 하고 싶은 일을 하면서 해외여행이나 여가활동으로 충분히 즐기며 살겠다는 야무진 포부까지….

짧게는 내 집을 언제쯤 마련할지, 자동차는 언제쯤 바꿀지 등 목표 설정을 자세하게 하면 할수록 좋다. 언젠가 바라는 대로 이루어질 것이다.

2. 현실을 직시하라

한 번도 안 해봤다면 반드시 해 보라. 우리 가정의 자산상태부터 수입은 얼마이고 지출은 얼마인지, 지출도 자세하게 적어보라.

고정적으로 나가는 항목과 비고정적으로 나가는 항목을 나누어 적어 보라. 만약 지출을 적는 데 어렵다거나 시간이 많이 걸린다면 그 사람은 가계부를 안 쓰는 사람이다. 가계부 작성은 필수다. 머릿속으로 '대략 얼마쯤 될 거야'보다 직접 수치화해 보는 것이 현실을 직시하는 데 훨씬 도움이 된다. 만약 여러 가지를 따져봤을 때 현재 상태로 계속 유지된다면 앞에 설정했던 목표들을 무난하게 달성할지, 불가능하다면 지금부터 어떻게 대처해야 하는지 등을 꼼꼼히 따져 보라. 허황된 목표 설정은 안 하느니만 못하다. 제대로 해 보고 싶은 마음이 있다면 반드시 적어 보라.

3. 알았으면 즉시 실천하라

재테크 서적이 봇물 터지듯이 나오고 있다. 신문, 방송 등 매체에서는 적립식펀드, 변액유니버설 등 잘나가는 금융상품들의 광고가 넘쳐난다.

옆집 영선이 엄마가 얼마 전 펀드를 환매했는데 수익률이 50% 났다더라. 내 적금 이자율은 고작 4%에 불과하다며 한숨만 짓지 말자. 단, 실천하기 전에 반드시 나에게 맞는 건지 맞지 않는 건지 등을 사전에 알아봐야 한다. 옆집 상황과 우리 집 상황은 다르다. 펀드라면 주식형을 할 건지 채권형이나 혼합형을 할 건지 각각의 특성은 무엇인지, 원금손실 가능성 여부도 따져 봐야 한다. 그리고 온전한 저축상품인지, 손실이 날 수 있는 투자상품인지 꼼꼼이 따져 보라. 그리고 나한테 딱 맞는 방법이 왔다면 즉시 실천하라. 절대 귀찮아하면 안 된다. 하루라도 빨리 은행에 가서 통장을 만들고, 펀드에 가입하라. 작년, 재작년 한참 펀드 수익률이 좋았을 때 미뤘던 사람들이 올 초 가입했다가 낭패를 참 많이 봤다.

4. 끈기 있게 하라

재테크 명언 중에 "돈을 모으는 데 기교가 끈기를 따를 수 없다"는 말이 있다. 끈기라는 토대 위에 기교가 더해진다면 금상첨화다.

그러나 기교보다 끈기가 우선이다. 적금을 가입했으면 만기까지 우직하게 진행해야 한다. 월초 한 달 예산을 세웠으면 우직하게 지키려고 노력해야 한다. 공부나 일에만 끈기가 필요한 게 아니다. 가정경제를 풍성하게 하려면 끈기는 필수다.

5. 최대한 빨리 종잣돈을 만들어라

정해진 수입만으로 우리 식구들이 하고 싶어 하는 것들을 다 할 수는 없다. 남부럽지 않게 사는 데 한계가 있다. 지금 현재의 소득이 많든 적든, 아파트 평수가 크든 작든, 내 집이든 전셋집이든 사실 그런 건 그리 중요한 게 아니다. 남들보다 앞서려면 남들보다 하루라도 빨리 종잣돈을 만들어라. 사람마다 종잣돈의 적정 규모는 다 다르다. 어떤 삶은 500만 원만 있어야 투자를 시작할 수 있다고 하고, 또 어떤 사람은 3~4천만 원은 있어야 한다고 말한다. 자기가 생각했을 때 적당하다고 생각하는 규모의 종잣돈을 빨리 만들어서 하루라도 빨리 투자운용을 시작하라. 성패는 여기에 달려 있다.

월급만으로도 다 할 수는 없다. 급여소득 이외의 다른 소득원(임대소득, 배당소득, 이자소득 등)을 반드시 창출해야 한다. 그래야 승산이 있다.

6. 마음껏 투자하라

돈을 쓰기 위해서 모으는 것이다. 무조건 적게 쓰고 저축만 열심히 한다고 그 사람이 과연 행복할까? 물론 거기에서 행복을 느끼는 사람도 있겠지만 자칫 잘못하면 돈의 노예가 될 수도 있다. 돈의 주인이 되자. 쓸 때는 써야 한다. 단, 계획 하에 마음껏 쓰자.

예를 들어 1년 후에 해외여행을 가려고 1년 동안 열심히 저축을 했다면 행복하게 여행을 다녀와야 한다. 막상 가려고 보니 돈이 아까워 망설여서는 안 된다. 10년 후 자녀 교육자금을 위해 저축을 하고 있다면 정말 10년 후 그 돈을 자녀 교육에 아낌없이 투자하자. 다른 용도로 쓰면 안 된다. 계획된 소비를 하자. 계획을 잘 세우면 된다.

7. 전문가를 활용하라

재무설계가 2~3년 사이 세상에 알려지기 시작하면서 각급 금융기관에서 앞 다투어 재무설계 서비스를 진행하고 또 재무설계만 전문으로 하는 조직들도 많이 생겨나고 있다. 최근엔 대학에서도 커리큘럼으로 채택하고 있다고 한다. 주변을 잘 둘러보라. 전문가가 눈에 보인다면 그

사람과 친해져라. 그리고 활용하라. 분명 나보다 많이 알고 있다. 도움이 된다는 말이다. 단, 여기서 주의해야 할 것은 사람에 대한 검증이다. 사람만 확실하다면 최대한 활용하라.

사람들은 재무설계와 재테크를 같은 것으로 오해하기도 한다. 하지만 재테크와 재무설계는 분명히 다르다. 재테크는 재무설계의 한 영역으로서 재무목표를 달성하기 위한 최고의 방법 중의 하나라고 이해하면 될 것이다. 따라서 종합적인 재무설계 없이 재테크만 고집한다면 문제가 발생할 소지가 있다. 재테크를 하기 전에 재무설계부터 하자.

제 2 장 저축과 투자

1. 저축과 투자의 차이

"저축과 투자의 차이를 아십니까?"

금융 자산을 늘리기 전에 먼저 할 일은 '저축한다.'는 말과 '투자한다.'는 말의 차이를 정확히 이해하는 것이다. 저축과 투자의 차이를 명확히 이해하는 것이 모든 의사 결정에 앞서야 한다고 생각한다. 개념을 잘못 이해하면 잘못된 투자를 하는 우를 범할 수 있기 때문이다. 미국에서는 중학교 과정에서 저축과 투자의 차이를 확실하게 교육시킨다. 그러나 우리나라의 경우 지금까지 학교 교육에서 이런 내용을 가르쳐 오지 않았다. 배운 일이 없기 때문에 대학을 졸업했는데도 저축해서 돈을 모으자, 투자해서 돈을 모으자 라는 식으로 저축과 투자를 비슷한 뜻으로 쓰고 있는 사람이 많다.

그러나 엄밀하게 말하면 저축과 투자는 상반된 개념이다. 저축은 사전에 찾아보면 '아껴서 모은다.'라는 뜻으로 되어 있다. 은행 예금, 지급액이 확정된 보험, 지급액이 확정된 연금이 대표적인 저축 상품에 속한다. 저축 상품에 가입을 하면 자산이 불어나는 속도는 느리지만 원금 손실을 볼 염려는 없다. 금융기관이 운용의 결과에 대해서 책임을 져주기 때문이다.

저축은 돈을 버는 메커니즘이 '절약'에 있다. 소비가 늘면 저축이 줄고, 소비가 줄면 저축이 는다. 저축의 성패는 절약에 있는 것이다. 반면에 투자는 자신이 소유한 자산, 즉 부동산이나 주식의 가격이 올라 돈을 버는 것이다. 아무리 절약하더라도 보유하고 있는 자산의 가격이 오르지 않으면 돈을 벌 수 없다.

저축은 또한 가입 시점에 수익이 결정된다. 팔지 않은 자산은 일정 시점의 '평가이익'일 뿐이지 '실현이익'이 아니다. 이 간단한 개념을 몰라 주가나 부동산 가격이 올랐다고 돈을 흥청망청 쓰는 사람들이 있다. 주식이나 부동산은 팔아야 끝이 난다.

저축은 또한 원금 보전에 대한 책임을 금융기관이 진다. 정부도 예금자보호법이라는 것을 통해 원금과 이자에 대해 5천만 원까지 보호해준다. 저축은 가입 시점에 수익이 확정되고 원금이 보전되기 때문에 수익이 낮다. 때문에 치명적 단점을 갖고 있다. 바로 인플레이션 위험에 취약하다는 것이다. 예를 들어 연 4%를 지급하는 1년 만기 정기예금에 1년 동안 넣어 두었다고 가정해보자. 1년 동안 물가가 4% 올라버리면 실제 화폐 가치, 즉 구매력은 증가한 것이 아니다.

반면에 투자는 '가능성을 믿고 자금을 투하하다'라는 뜻을 갖고 있다. 믿었던 대로 되면 크게 수익을 낼 수 있지만 믿었던 대로 되지 않으면 원금 손실을 볼 수도 있다는 뜻이다. 손실을 보았더라도 투자를 중개해준 금융기관에서는 책임을 져주지 않는다. 투자는 인플레이션 위험에 대한 대비가 가능하다. 부동산이나 주식은 장기적으로 인플레이션 상승률을 앞서왔다. 그런데 투자에도 문제가 있다. 바로 가격 변동 위험에 노출되어 있는 것이다. 앞서 얘기했듯이 투자는 자신이 소유하고 있는 자산의 가격이 올라 돈을 버는 구조다. 반대로 가격이 하락한 시점에 팔면 손해를 볼 수밖에 없다. 그럼 가격 변동 위험을 피할 수 있는 길이 있을까? 결론부터 말하자면 '없다' 저축상품이 인플레이션 위험에 대비하는 것이 불가능하듯이 투자에도 가격 변동 위험을 100% 없앨 수 있는 방법도 없다. 우리는 단지 그 가격 변동 위험을 줄일 수 있을 뿐이다.

저축과 투자 그리고 포트폴리오

저축과 투자의 차이에서 우리가 얻을 수 있는 중요한 결론은 저축만으로도 투자만으로도 모든 것을 해결할 수 없다는 점이다. 저축에만 의존하면 인플레이션 위험에 무방비로 노출될 것이고, 투자에만 전적으로 의존하면 가격 변동 위험에 노출될 것이다. 그래서 포트폴리오가 필요한 것이다.

포트폴리오의 기본은 먼저 저축과 투자의 비중을 결정하는 것이다. 보수적 투자자라면 저축 비중을 늘리고, 반대로 공격적인 투자자라면 투자 비중을 늘리면 된다. 가장 간단한 법은 절반씩 나눠 투자하는 것이다. 가령 2천만 원의 여유자금이 있다고 치자. 그럼 이 돈을 저축상품에 1천만 원, 투자 상품인 주식형 펀드에 1천만 원 투자해보자. 그리고 1년 단위로 이 포트폴리오를 재조정하기로 마음을 먹는다. 1년 후 주가가 올라 주식형 펀드에 투자한 자금은 1,200만 원이 됐다. 처음 포트폴리오를 짤 때 저축과 투자 비중을 5대 5로 설계했는데, 주가가 올라 이 비율이 깨진 것이다. 5대 5 비중을 지키기 위해서는 주식형 펀드에서 1백만 원을 찾아 저축 부문으로 옮겨야 한다. 반대로 1년 후 주가가 하락한 주식형 펀드가 8백만 원이 됐다면, 이제는 반대로 저축 부문에서 1백만 원을 빼서 주식형 펀드에 추가로 투자해야 한다.

이렇게 정해진 공식에 따라 투자하는 방법을 '포뮬러 플랜(formula plan)'이라고 한다. 미국 등 펀드 선진국에선 일반화된 투자 방법이다. 포뮬러 플랜의 장점은 시장 변동에 관계없이 기계적인 포트폴리오 비중을 지켜나가는 데 있다.

장기적으로 이런 포트폴리오 재조정을 거치기 위해서는 단기유동자금을 확보해야 한다. 이를 '긴급예비자금'이라고도 하고 영어로는 '쿠션(cushion)'이란 표현을 쓰기도 한다. 만일 포트폴리오 재조정 중간에 가족 중 누가 아프거나 이사 등으로 인해 돈이 필요하면 해약하게 되는 상황이 발생할 수 있다. 이렇게 되면 안정적인 포트폴리오 관리가 어렵기 때문에 단기유동자금을 확보해두는 것이다.

쿠션용 자금으로는 보통 3~6개월 정도의 생활비가 적당하다. 쿠션용 자금은 반드시 MMF(머니마켓펀드)나 CMA(어음관리계좌)를 이용해야 한다. 은행의 보통예금은 연 0.1%의 이자만 지급하지만 MMF나 CMA는 연 3% 정도를 지급한다. 수시로 입출금을 할 수 있고 공과금 이체나 자동이체 등 보통예금의 기능을 갖고 있다는 점도 매력적이다.

결론적으로 말하자면 개인투자자에게 있어서 포트폴리오 구성의 기본은 '쿠션+저축+투자'로 정리할 수 있을 것이다. 또 한 가지 주의해야 할 점은 포트폴리오 구성은 투자 금액의 문제가 아니라는 점이다. 적금을 넣을 때도 확정금리를 주는 적금과 적립식 펀드와 같은 투자 상품으로 포트폴리오를 구성할 수 있다. 중요한 것은 저금리 시대에는 금액의 크기에 상관없이 저축과 투자로 구분해 자금을 운용해야 한다는 점이다.

2. 달걀을 한 바구니에 담지 마라(펀드)

분산 투자의 중요성을 잊지 마라

IMF 이후 최대의 경제 위기 속에서 주식이나 펀드를 통해 돈을 벌기 더욱 어려워졌다. 이럴 때는 단기적인 재테크보다는 5년, 10년 계획을 세워 자산 운용과 관리를 할 필요가 있다. 가장 좋은 방법은 보유 자산을 자산 배분의 원칙에 따라 부동산과 금융 자산에 분산 투자하는 것이다. '-50-+100'이라는 법칙이 있다. 100원을 투자한 사람이 50% 손실을 보면 평가 금액은 50원으로 줄어든다. 그런데 50원을 다시 원금인 100원으로 만들기 위해서는 50%의 수익률이 아닌 100%의 수익률을 올려야 한다. 그만큼 잃지 않는 것이 중요하다는 것이다.

워런 버핏 역시 자신이 투자 원칙에 대해 "제1원칙의 돈을 잃지 않는 것, 제2원칙은 제1원칙을 잊지 않는 것"이라고 말한 바 있다. 그의 말대로 최선의 투자란 손실을 보지 않는 것을 의미한다. 투자한 자금을 잃지 않고 꾸준히 안정적인 성과를 올리는 것을 목표로 삼고 투자에 임한다면 자산은 자연스럽게 시간의 힘으로 늘어날 수 있다. 그렇다면 손실을 최소화하고 안정된 수익을 얻을 수 있는 방법은 과연 무엇일까?

펀드에도 바구니가 필요하다

'달걀을 한 바구니에 담지 말라'는 주식투자의 기본 원칙이 있다. 펀드도 예외는 아니다. 한 펀드 혹은 같은 유형의 펀드에 '몰빵'하지 말고 위험을 분산해두는 것이 투자의 성공이라는 이야기다. 즉 잃지 않는 투자의 제1법칙은 '분산'에 있다. '기쁨은 나누면 배가 되고 슬픔은 나누면 반이 된다'는 속담처럼 특정 상품에 올인 하기보다는 성격과 수익률 흐름이 다른 상품에 나눠서 투자한다면 시장 상황에 관계없이 안정적인 성과를 얻을 수 있는데, 분산 투자가 바로 그런 것이다.

분산 투자를 하면 몇 가지 장점이 있다.

첫째, 위험이 적으면서 안정적인 수익을 기대할 수 있다. 물론 손실이 날 수도 있다. 하지만 어느 한 펀드에 '몰빵'하는 것보다 훨씬 위험이 적다.

둘째, 펀드의 특성에 따라 분산하는 포트폴리오를 만들어놓으면 6개월에 한 번 정도만 점검해도 되기 때문에 가격 변동 등에 대해 크게 신경을 쓰지 않아도 된다. 예를 들어 국내 펀드의 실적이 나쁘면 해외 펀드에서 보완해줄 것이고, 해외 펀드의 실적이 나쁘면 국내 펀드에서 보완해 줄 것이다. 그리하면 하루하루의 수익률에 민감하지 않아도 되고, 본업에 충실하면 된다.

셋째, 자신에게 맞는 펀드를 찾게 된다. 여러 펀드에 나누어 1~2년 투자하다 보면 자신의 목표수익률에 잘 맞을 것 같은 펀드를 찾게 된다. 그래도 자신에게 맞는 펀드를 찾지 못할 때는 계속해서 서로 성격이 다른 펀드에 똑같은 비율로 나누어 투자하면 된다. 그렇게 분산 투자를 계속하다 보면 언젠가는 자신의 투자 성향이나 목적에 맞는 펀드를 발견하게 된다. 그때부터는 그런 펀드의 비중을 늘려 가면 된다.

분산 투자의 비밀

분산 투자를 권유하면 많은 투자자들이 안전하기는 하지만 수익률이 낮아진다고 생각한다. 그러나 이는 엄청난 오해다. 오히려 분산 투자는 일반 투자자가 수익률을 극대화할 수 있는 최선의 방법이다.

최고의 수익률을 올리는 방법은 최고의 자산에 투자하는 것이다. 그러나 이것은 천재들의 방법이다. 워런 버핏, 조지 소로스처럼 자산시장을 통찰할 수 있고 해당 자산의 미래 경쟁력까지 훤히 내다볼 수 있는 사람들이 사용할 수 있는 투자법이다. 천재가 아닌 사람이 천재들의 방법을 흉내 낸다면 그 결과는 비참해질 확률이 다분하다.

자산시장에서는 가끔씩 특정 자산이 엄청나게 폭락하는 일이 발생하곤 한다. 그때 폭락하는 자산만 가지고 있는 투자자라면 어떨까? 엄청난 손실을 경험해야 할 것이다. 물론 기다리면 언젠가는 회복되겠지만, 투자의 세계에는 머피의 법칙이 존재하므로 마냥 기다리는 것이 쉽지 않다.

예를 들어 주식에 올인 했는데 주식시장이 폭락했다고 하자. 이는 경기도 어렵고 내가 일하고 있는 직장도 어려워졌다는 말이다. 회사가 어려워지니 회사를 나와야 하는 상황이 발생할 수 있다. 다음 직장을 얻기까지 시간도 걸리고 대출 이자와 생활비도 만만치 않다. 눈물을 흘리며 폭락한 자산이라도 팔아야 하는 상황을 만나게 되는 것이다.

만약 부동산, 주식, 예금, 금 등 다양한 자산에 나누어 투자한 투자자라면 IMF처럼 주식자산이 폭락했을 때 나머지 자산들을 일정 정도 팔아서 폭락한 주식자산을 싼 가격에 산다면 커다란 이익을 볼 수 있었을 것이다. 분산 투자는 이처럼 특정 자산의 폭락을 커다란 기회로 바꿔줄 뿐만 아니라 최악의 상황에서도 견뎌낼 수 있는 힘을 준다.

분산 투자의 방법

분산 투자의 방법에는 자산 분산, 투사 시섬 분산, 상품 스타일 분산, 지역 분산, 통화 분산이 있는데, 이것을 모두 적용하기보다는 본인의 투자 성향이나 자금 규모 등을 고려해 적절히 선택하면 될 것이다.

첫째, 자산 분산은 주식, 채권, 부동산 등으로 자산을 나눠 투자하는 것이다. 자산의 성격이 명확히 구분되고 상승과 하락의 흐름이 일치하지 않는 경우가 많기 때문에 부산 투자의 효과를 높일 수 있다.

자산 분산에서는 그때그때의 시장 상황에 따라 자산이 비중을 조절하는 게 중요하다. 주식은 가장 위험한 자산이기도 하지만 가장 높은 수익률을 기대할 수 있는 자산이기도 하다. '100-자신의 나이=주식투자 비중'이라는 공식처럼 젊었을 때는 좀 더 공격적으로 자산을 배분하는 것도 고려해볼 만하다.

둘째, 투자 시점의 분산이다. 가장 낮은 가격에 투자해 가장 높은 가격에 팔 수 있다면 좋겠지만, 그것을 정확히 알 수 있는 방법이 없다. 그러므로 시점을 분산하면 위험을 축소하면서 자산의 가격이 지속적으로 상승할 때 안정적으로 수익률을 올릴 수 있다.

그 대표적인 상품이 바로 적립식 펀드이다. 만약 3,000만 원을 한꺼번에 투자했는데 갑자기 주식이 폭락한다면 큰 손실을 볼 수밖에 없다. 그러나 1,000만 원씩 세 번에 나눠서 투자할 경우 주식시장이 갑자기 하락한다 해도 나머지 2,000만 원을 낮은 가격에 투자할 수 있기 때문에 평균 매입단가를 낮출 수 있다. 만약 500만 원씩 여섯 번에 나눠서 투자한다면 평균 매입단가가 더 낮아질 수 있다. 이것이 바로 적립식 펀드에서 투자 효과를 극대화라는 평균 매입단가 하락 효과다.

평균 매입단가 하락 효과는 기간이 길면 길수록, 변동 폭이 크면 클수록 효과가 크게 나타나는 것으로 조사되고 있다. 따라서 펀드투자 초보자들의 경우 한꺼번에 투자하는 것보다 가급적이면 장기에 걸쳐 분산투자를 하는 것이 리스크를 줄일 수 있는 좋은 방법이다.

셋째, 상품 스타일의 분산이 필요하다. 부동산에도 아파트, 주택, 상가, 토지 등 다양한 스타일이 존재하듯이 똑같은 자산이라 하더라도 상품마다 스타일이 다르기 때문에 한 가지 스타일보다는 여러 가지 스타일의 자산을 보유하는 게 더 바람직하다.

그런 측면에서 주식과 채권에 60대 40 혹은 40대 60으로 투자하거나 주력 펀드와 틈새 펀드에 나누어 투자하는 것도 바람직한 포트폴리오다. 현재 나와 있는 가치주와 성장주 펀드를 주력으로, 향후 출시될 섹터나 테마 위주의 대안 펀드를 틈새 펀드로 설정하는 것도 하나의 방법이다. 다만 신규 펀드는 상대적으로 유동성이 부족하고 검증되지 않았으므로 제한적인 범위 안에서 투자해야 함은 물론이다.

이와 관련해서 원자재펀드, 부동산펀드, 인프라펀드를 비롯해 헬스케어, 명품, 환경 관련 산업 등 특정 산업에 투자하는 섹터 펀드들이 있다. 또 기후, 물, 고령화 등의 테마와 관련해 수혜가 예상되는 기업들에 투자하는 상품도 있다. 이러한 섹터 펀드는 국가별 증시 변동과 상관관계가 낮아 분산 투자 효과를 높일 수 있다. 다만 주력 펀드와 틈새 펀드는 8대 2 정도의 비율로 투자하는 것이 바람직하다.

넷째, 지역 분산이다. 우물 안 개구리가 아닌 다양한 지역에 투자자산을 분산한다면 더 많은 투자 기회를 얻을 수 있다. 이는 곧 수익으로 연결된 가능성이 높다. 국내 증권시장이 전 세계에서 차지하는 비중이 2~3%라는 사실을 잊지 말자.

먼저 안정적인 선진 시장과 신흥 시장에 적정한 비율로 자산을 배분하여 투자할 필요가 있다. 단순히 수익률을 좇아 이머징 마켓(신흥 시장)에 투자되는 펀드의 비중을 높이기보다는 위험에 상대적으로 덜 민감하게 반응하는 선진국 시장에 적절하게 편입하는 것이 올바른 펀드 포트폴리오의 기본이 될 수 있다는 것을 잊지 말아야 할 것이다.

나라별로는 중국과 인도 등이 함께 분류되고 브라질과 러시아, 남미와 동유럽이 비슷하게 분류된다. 또한 베트남과 태국 등은 프런티어펀드로 함께 분류되기도 한다. 따라서 중국펀드에 가입한 투자자라면 인도펀드에 가입하는 대신 일본펀드나 서유럽펀드에 가입해야 분산 투자의 효율성이 커진다.

간혹 중국펀드와 홍콩펀드, 베트남펀드에 투자하고서 스스로 분산 투자를 하고 있다면 여기는 투자자들이 있는데 이는 절대로 분산 투자가 아니다. 이머징 마켓은 변동성이 크고 글로벌 경기가 나빠질 경우 동반 타격을 입을 수 있기 때문에 국가만 다르다고 분산이 되는 것이 아니다.

대표적인 지역 분산형 펀드들로는 브릭스펀드를 비롯해 친디아(중국+인도), 코친디아(한국+중국+인도) 등의 펀드들이 있다. 이와 같은 지역 분산형 펀드들의 경우 대부분 이머징 마켓들을 대상으로 하고 있는데, 점차 아시아를 넘어 남미와 아프리카 등으로 확산되고 있는 추세다.

마지막으로 통화의 분산이다. 세계 경기의 흐름에 따라 통화의 가치가 변하므로 통화도 투자가 가능한 자산에 포함된다. 따라서 향후 지속적으로 성장이 가능하고 세계 경제에서 차지하는 비중이 증가할 나라의 통화에 관심을 가질 필요가 있다. 최근 달러화의 가치가 많이 하락한 반면 유로화와 위안화의 가치는 상승을 거듭하고 있다. 통화의 분산 투자로 투자 대상이 더 넓어지고 수익률을 얻는 데도 도움이 될 것이다.

제 3 장 재테크

재테크란 재(財)+techneque를 합성한 단어이다. 재가 돈을 뜻하고 techneque가 기술을 뜻하니까 우리말로 번역하면 돈을 굴리는 기술이라고 할 수 있다. 무식하게 번역하자면 돈놀이가 된다.

돈을 굴리는 방법에는 여러 가지가 있다. 사기를 쳐도 되고, 사채놀이를 해도 된다. 각설탕이라는 영화를 보고 깊은 감명을 받은 사람이라면 경마를 해도 상관은 없다. 하지만 이러한 것들은 사회적으로 문제가 있다.

경제뉴스에서 이야기하는 재테크는 주로 금융상품, 부동산, 주식투자를 이야기 한다. 이들 세 가지 재테크 수단의 특징을 안정성, 수익성, 환금성에 따라 대충 살펴보고 본격적으로 진도를 나가도록 하겠다.

참고로 안정성이란 투자한 돈을 날리지 않고 회수 할 수 있는가를 나타낸다. 예를 들어 주식은 재수 없으면 몽땅 날릴 수 있어서 안정성에 있어서는 아주 나쁘다고 할 수 있다. 하지만 금융상품은 최소한 원금만은 건질 수 있기 때문에 안정성은 있다고 할 수 있다.

수익성이란 얼마나 돈벌이가 되는가를 나타낸다. 주식은 잘만하면 돈벼락을 맞을 수도 있기 때문에 수익성이 가장 높다고 볼 수 있다.

환금성이란 원하는 시기에 현금으로 바꿀 수 있는가를 나타낸다. 주식이나 금융상품은 언제든지 현금으로 바꿀 수 있지만 부동산은 쉽게 팔리지 않기 때문에 환금성이 낮다. 수익성, 환금성, 안정성이 무엇인지 알겠는가? 그럼 본격적으로 금융상품과 부동산, 주식의 특징에 대해서 알아보도록 하겠다.

금융상품은 정기예금이나 정기적금과 같은 것을 어렵게 표현한 말이다. 금융상품의 가장 큰 특징은 무엇일까? 일단 돈이 안 된다는 것이다. 1년 내내 은행에 맡겨 봤자 금리는 10%밖에 안 된다. 주식이 하루만에 30%의 수익을 올릴 수 있는 것을 감안하면 현격하게 낮은 수준이다.

하지만 금융상품은 수익성은 낮지만 안정성에 있어서는 최고수준이라고 할 수 있다. 또 환금성에 있어서도 어떤 재테크 수단보다 앞선다.

수익성 낮기 때문에 일부의 몰지각한 한탕주의자들은 금융상품을 거들떠보지도 않는 경우가 있는데 이것은 오판이다. 급전이 필요한 경우를 생각해보자. 주식은 최소한 3일이 지나야 현금이 들어오고, 부동산은 운이 없으면 한 달 내내 팔리지 않아 피를 말릴 수도 있다. 금융상품은 재테크의 수단이라기보다는 만약을 준비하는 사람들을 위한 안전한 도우미가 될 수 있다.

주식은 알다시피 수익성에 관한 한 타의추종을 불허한다. 운이 좋으면 한 달 만에 몇 배의 수익을 올릴 수도 있다. 하지만 안정성에 관한 한 주식은 별로 할 말이 없다. 운이 없으면 원금을 모조리 날릴 수가 있기 때문이다. 또 환금성에 있어서도 주식은 별로이다. 운이 없으면 한 달 내내 주식이 팔리지 않을 수도 있기 때문이다.

부동산은 4천 만이 안정성이나 수익성이나 환금성에서 그다지 우수한 상품으로 인정되지 않지만 물가가 하늘 높은 줄 모르고 뛰면 최고의 투자수단이 될 수 있다. 물가가 뛰는 만큼 부동산도 뛰기 때문이다. 반면에 금융상품은 물가가 뛰면 억울할 수밖에 없다. 설령 은행에서 이자를 20% 준다고 해도 물가가 21% 뛴다면 손해이기 때문이다.

1. 보험

보험의 사전적 의미를 보면 "자본주의 사회에서 같은 종류의 사고를 당할 위험이 있는 다수의 사람들이 미리 금전을 갹출하여 공통 준비재산을 형성하고, 사고를 당한 사람이 이것으로부터 재산적 급여를 받는 경제적 제도"라고 나와 있다. 즉, 미래 각 개인에게 생길 수 있는 여러 위험들로부터 자신의 재산을 보호하기 위해 같은 위험에 처해 있는 다수의 사람들이 미리 돈을 모아 사고가 발생한 개인에게 지급함으로써 각 개인의 경제적 손실을 최대한 보호하는 것이라고 할 수 있다.

이렇듯 보험이란 현대 사회에서 살아가며 발생할 수 있는 수많은 위험으로부터 자신의 재산을 지키는 수단으로 누구에게든 필요한 것이며, 적절히 활용하면 경제적 이익까지 볼 수 있는 합리적인 제도이다. 하지만 이렇게 좋은 제도도 자신의 위험이나, 재무상황을 고려하지 않고 가입을 하였을 때에는 독이 될 수도 있다는 것을 이해하고 적절히 활용할 수 있는 방법을 소개하여 보다 현명한 보험 가입자가 되기를 바라는 마음에 여러 가지 보험에 대해서 알아보도록 하겠다.

보험가입 제대로 하려면 10가지를 기억하라

모든 사람에게 똑같은 보험설계를 한다는 것은 불가능하다. 각자의 가족 구성원 수, 소득 규모, 소득원 등이 모두 다르기 때문에 획일적으로 "이런 상품에 월 납입 보험료를 얼마로 해서 가입하는 것이 좋다"라는 말을 하는 것은 의미가 없다. 하지만 어떤 종류의 보험에 어떤 기준을 가지고 가입해야 하는지에 대한 가이드의 설정은 가능하다. 보험가입이 반드시 알아두어야 할 이러한 가이드를 10가지로 정리해보자.

• 첫째, 펀드투자처럼 보험상품에도 장기간 분산투자하라

보험은 상품별로 주로 보장하는 내역이 다르므로 연령대별로 필요한 상품을 중심으로 설계하는 것이 기본이다. 또한 보장성이든, 저축성이든 보험상품은 인생 전반에 걸쳐 필요한 상품이므로 반드시 장기적인 관점에서 접근하는 것이 바람직하다. 가족 구성원이 많고 일일이 준비할 시간적·정신적 여유가 없다면 손해보험사의 통합보험으로 가족 전체의 위험보장을 한꺼번에 대비하는 것을 대안으로 생각해볼 수도 있다. 최근에는 보장과 연금, 사망과 질병 등을 동시에 보장해주는 퓨전형 상품들도 많이 출시되고 있다. 하지만 퓨전이라고 무조건 좋은 것은 아니다. 동시에 보장해주는 게 중요한 것이 아니라 같은 보험료로 얼마나 충분하게 보장을 해주는가가 중요하다.

• 둘째, 보장성과 저축성의 특성과 차이점을 반드시 이해하자

보장성보험은 사망, 질병과 상해의 위험에 대비하기 위한 상품이다. 반면에 저축성보험은 노후의 경제적인 위험이나 기타 재정적인 목표(교육비 마련)에 대비하기 위한 상품이다. 두 가지 유형의 보험을 서로 합산하여 관리하면 안 된다. 보장성보험은 보험, 저축성보험은 저축(또는 투자)으로 분류하여 관리해야 한다.

• 셋째, 보험은 양이 아니라 질이 중요하다

발생 가능성이 낮은 휴일 재해사망 보장보험에 여러 개 가입하는 것, 동일한 위험에 대비하는 보험에 여러 개 가입하는 것 등은 재테크에 오히려 독이 된다. 하나의 보험에 들더라도 자신에게 발생 가능성이 높은 위험을 집중 보장하는 상품에 가입하는 것이 효율적이다.

• 넷째 보장성장보험은 가족 구성원 모두가 가입해야 한다

재정적으로 어렵다면 먼저 주 소득원이 보장성보험에 가입하도록 한다. 주 소득원에게 문제가 생기면 가족전체가 재정적으로 어려워진다. 남은 가족들의 경우도 보험료가 저렴한 소멸성보험 또는 실손보장보험으로 최소한의 울타리는 확보하도록 한다.

• 다섯째 소득에 따라 적정 월 납입보험료 규모와 보장규모를 고려해 보자

소득을 고려하지 않고 적정 보장규모만을 생각하여 과다하게 보험료를 책정할 경우 다른 재정목표 달성에도 영향을 주고 결국 중도해지로 인해 금전적으로 큰 손실을 볼 수 있다. 투자나 저축과 마찬가지로 보장성보험의 가입도 소득규모를 감안하여 결정해야 한다.

• 여섯째 보험도 리모델링이 필요하다

이미 가입한 보험이 언제까지나 충분하다는 생각은 버려라. 가족 구성원이 추가되고 재정상황이 변하면 가입한 보험도 다시 한 번 꺼내서 점검해봐야 한다. 이를 보험 리모델링이라고 한다. 보험에 추가로 가입하는 것만이 리모델링이 아니다. 불필요하거나 과다하게 보장을 하고 있는 보험을 해지하는 것도 리모델링이다.

• 일곱째 보장규모를 줄이지 말고 납입기간을 늘려라

납입기간을 길게 가져감으로써 재정부담을 덜면서 적정 보장규모를 유지하는 방법을 우선 고려하라.

• 여덟째 보장기간은 긴 것이 좋다

평균수명 80세 시대에 질병보험의 보장기간이 60세까지라면 정작 필요한 노후 치료비는 어떻게 준비할 것인가? 너무 일찍 위험대비를 할 경우 불필요한 보험료 지출의 가능성도 존재하지만 일반적으로 보장기간은 길게 가져가는 것이 안전하다. 평균 수명 연장에 따라 100세 보장 상품도 나오는 시대다.

• 아홉째 자신에게 발생 가능성이 높은 위험이 무엇인지를 알아라

발생 가능성이 희박한 사건사고에 대해 거액의 보험금을 지급하는 보험과 발생확률이 높은 질병이나 사고의 치료비 보장에 집중하는 보험 중 어떤 것이 먼저일까? 가족력이나 연령대별 사망원인 자주 발생하는 질병들을 알고 이에 대해 집중보장해주는 상품을 우선적으로 선택하는 것이 보험가입의 지혜다. 통계청의 발표에 따르면 2005년 기준 한국인의 사망 원인 중 암(26.7%)이 제일 높고 그 다음이 뇌혈관질환(12.7%), 심장질환(7.9%)순이다. 전체 사망 원인 중 재해 사망비율은 고작 7.7%만을 차지한다. 절대다수인 92.3%가 질병, 자연사 등과 같은 일반사망이 차지하고 있다.

• 열째 보험을 이해하려면 보험용어를 먼저 이해하라

예정이율, 경험생명표, 약관대출, 고지의무, 지급여력비율이 중 당신이 정확하게 알고 있는 용어는 몇 개나 되는가? 기본적인 용어들의 의미도 모르는 상태에서는 제대로 된 보험 상품 선택이 불가능하다.

보험을 중도 해지하면 금전적인 손실도 크지만 더 큰 손해는 장기적인 재정 플랜에 나쁜 영향을 준다는 것과 해지지간 중 사고나 질병이 발생했을 경우 보장받을 길이 없다는 것이다. 그만큼 보험의 가입과 해지는 어떠한 금융상품보다도 신중을 기해야 하는 것이다.

TIP 라이프사이클에 따른 보험 가입

1. 자녀(0~10대)를 위한 보험

정부의 출산장려정책 등에 힘입어 최근 출산율이 증가세로 돌아섰지만 아직 한국 가계의 평균출산율은 1.20명에 불과하다. 하나 또는 둘뿐인 자녀에게 닥칠 위험에 미리 대리하는 것은 선택이 아닌 필수일 수밖에 없다. 어린이보험(태아보험 포함)은 자녀의 사고나 질병에 대비하기 위한 상품으로 생보사와 손보사에서 모두 취급하고 있고, 보험료도 저렴하므로 반드시 가입해야 한다. 최근에는 위험보장은 물론 자녀의 교육비를 보다 효율적으로 준비할 수 있도록 설계된 어린이 변액유니버셜 보험도 출시되고 있다. 기억해야 할 것은 어린이보험은 진료비가 핵심이므로 과도한 보험료 지출은 피하는 것이 좋다는 점이다.

2. 왕성한 활동기인 20대에 필요한 보험

사회활동을 막 시작하여 활동력이 왕성하며 레저활동으로 인한 상해와 교통사고의 확률이 높은 연령대다. 보험료가 저렴한 때이므로 질병 보험 가입은 필수이며 소액의 보험료로 대비가 가능한 상해보험도 염두에 둘 필요가 있다. 목돈 마련에 중점을 두어야 하는 시기이므로 보험료의 부담을 줄이기 위해 납입기간을 길게 가져가는 전략이 필요하다. 여유가 된다면 직장생활을 시작하면서 바로 노후대비용 상품(연금저축보험, 연금보험, 또는 변액보험)에도 가입하면 금상첨화겠지만 의욕만 앞서서 소득대비 과다한 금액을 투입하거나 단기 및 중기 목돈 마련에 지장을 주면서 가입하는 것은 지양해야 한다.

3. 지출이 급증하는 가족형성기(30~40대)에 필요한 보험

가정을 구성하고 자녀의 출산으로 가족이 늘어나는 시기다. 주 소득원의 종신보험(또는 정기보험)은 가족구성원 전체의 질병보험과 함께 노후대비용 상품에도 필해 가입해야 한다. 종신(정기)보험의 경우 맞벌이 가계라면 각자의 명의로 가입하는 전략을 고려해 보아야 한다. 노후대비용 상품의 경우 너무 늦게 가입할 경우 50대 이후 소득이 중단되면 문제발생 소지가 있으므로 되도록 빠른 시점에 가입하는 것이 좋겠다. 질병보험은 기본 상품들 외에도 손해보험사의 통합보험이나 종신과 질병보장 기능이 통합된 퓨전보험 등 다양한 선택이 가능하므로 반드시 전문가와의 상담을 거쳐 가계에 적합한 상품을 선택하는 것이 효율적이다. 가족병력이 있거나 소득의 여유가 된다면 CI보험 가입도 고려대상이며 보험 리모델링의 필요성이 가장 큰 연령대이므로 이 부분에도 신경을 써야한다.

4. 50대 이후에도 보험가입을 할 수 있다.

50대에 접어들었음에도 위험대비가 안되어 있다면 더 늦기 전에 노인성질환에 걸리기 전에 간병보험과 건강보험 등의 가입을 서두를 필요가 있다. 최근에는 질병이 있는 상태가 아니라면 65~70세까지도 가입이 가능한 상품들이 존재한다. 한국에서 노인들의 연간 의료비 지출규모는 매년 큰 폭으로 증가(2007년 상반기 노인 의료비 지출규모는 1990년 대비 17배 증가)하고 있어 노인파산의 주요원이므로 분석되고 있다. 미리 대비하지 않는다면 노후생활자금의 상당부분이 의료비로 지출되는 상황을 맞을 수도 있다는 것이다. 기존에 가입한 보장성보험들을 유지하는 것 또한 중요하며 노후생활자금의 준비가 안 되어 있다면

> 은퇴시기를 고려하여 일시납 즉시연금 가입도 고려해보아야 할 것이다.
>
> 연령대별로 기본적으로 대비해야 할 위험들이 존재하므로 이러한 위험에 대비하는 상품들에 먼저 가입하고 각자의 상황을 고려하여 추가적인 위험대비를 하는 것이 바람직하다. 보험가입은 다른 재무목표들과 병행해나가야 하는 것이다. 연령대와 소득 등 재무상황을 감안하여 나와 내 가계에 꼭 필요한 보험에 적정한 규모로 가입하는 것, 이것이 바로 보험재테크의 기본이자 가장 중요한 원칙이다.

국민연금은 무조건 지켜라

우리나라 국민은 대부분 국민연금을 내면서 아깝다는 생각을 한다. 할 수 없이 내긴 하지만 과연 제대로 받을 수 있을까 하는 걱정 때문이다. 노후에 대한 근심은 늘어나고 있지만 국민연금에 대한 불안감 탓에 노후 준비를 제대로 하려면 개인연금으로 대비하는 것이 좋다고 생각하는 사람이 많다.

40세 허성기 씨는 편의점을 운영한다. 3년 전 직장을 그만두고 지금의 일을 시작했다. 매월 50만 원씩 개인연금보험에 가입한 허 씨는 국민연금을 내지 않고 있다. 가입 유예 기간이 끝나서 국민연금을 다시 내라는 연락을 받았지만 아직까지 차일피일 미루고 있다. 보험설계사가 국민연금은 낸 돈만큼 받지 못하므로 개인연금으로 준비하는 것이 훨씬 낫다는 이야기를 했기 때문이다.

최근 들어 국민연금에 대한 인식이 나아지긴 했지만 아직도 많은 사람이 국민연금은 낸 돈보다 적게 받을 것이라고 생각한다. 과연 그럴까?

연금 수령액은 낸 돈 대비 최고 11배

국민연금을 한마디로 정리하면 '낸 돈보다는 많이 받지만 받는 금액이 노후자금으로 충분하지 못하니까 모자라는 금액은 개인이 따로 준비해야 한다.'라고 요약할 수 있다. 그렇다면 현재의 구조로는 얼마를 받을 수 있고 개인연금에 비해서는 어떤지 따져 보면 된다.

국민연금을 내는 기간과 수령기간에 따라 달라지겠지만 20년 납입기준으로 최저 등급인 월 소득 22만 원 미만의 가입자는 낸 돈보다 약 11.11배, 중간 등급인 월 소득 121만 원 가입자는 3.04배, 최고 등급인 월 소득 360만 원 이상 가입자는 약 1.85배의 연금을 평생 수령한다.

다음 페이지 표의 예상 연금 수령액에 나타난 대로 국민연금은 공적연금 특성상 소득이 적은 가입자가 낸 돈 대비 더 많이 받는 구조로 되어 있다. 그럼에도 불구하고 낸 돈 대비 가장 적은 배수로 연금을 받는 월 소득 360만 원 이상 최고 등급의 경우에도 낸 돈보다 1.85배를 받는다. 만약 봉급생활자라면 회사에서 절반을 내주니까 낸 돈 대비 3.7배를 받게 된다. 충분한 금액은 아닐지라도 낸 돈만 생각한다면 절대 손해보는 장사는 아니다. 게다가 국민연금의 가장 큰 장점은 매년 물가상승률을 감안해 받을 연금액을 높여 준다는 점이다. 즉, 현재 받는 연금의 가치가 계속 유지된다는 점인데, 이는 매우 중요하다.

▌국민연금 월 보험료 대비 예상 연금 수령액▐

표준 월 소득액	월 보험료	예상 연금 수령액 (현재 가치 기준, 20년 납입 시)	보험료 대비 수령액 배율
22만 원(최저 등급)	19,800원	220,000원	11.11배
121만 원(중간 등급)	108,900원	331,250원	3.04배
360만 원(최고 등급)	324,000원	598,630원	1.85배

*2009년에 국민연금에 최초 가입한 것으로 가정하여 연금액 산출.

국민연금, 개인연금보다 안전하다

그렇다면 국민연금과 보험사의 개인연금을 비교해 보자. 보험사의 연금 상품도 종류가 매우 다양하기 때문에 오해를 줄이기 위해 연금 상품 중에서 금리가 5.5%로 높고, 연금 수령 기간이 25년인 상품을 선정했다. 즉, 개인연금 중에서 이율도 높게 적용되고 평생연금을 지급받는 것보다 연금 수령액이 많은 상품을 골라서 국민연금과 비교한다는 의미다. 참고로, 현재 40세 남성의 경우 65세부터 국민연금을 수령한다는 점을 감안해 개인연금 수령 시기도 65세로 맞추었다.

❚40세 남자, 20년 불입, 65세 연금 개시 후 89세까지 25년간 연금 수령 시❚

20년간 월 보험료	예상 연금 수령액 (65세 시점)	물가상승 감안한 연금액의 현재 가치	보험료 대비 수령액 배율
월 10만 원	월 30만 4,000원	월 14만 5,000원	*1.45배

* 국민연금과의 비교를 위해 물가상승률 3%를 감안하여 현재 가치로 비교한 배율

사례의 개인연금은 매월 10만 원씩 20년간 불입하고 25년간 매월 30만 4,000원을 받는다. 하지만 25년 후의 30만 4,000원은 물가상승률 3%를 감안해 현재 가치로 환산하면 14만 5,000원으로 줄어든다. 지금 내는 월 불입금 10만 원과 비교했을 때 똑같은 구매력으로 계산한 연금 수령액은 생각보다 크게 늘어나지 않는 셈이다. 만약 통계청 물가상승률 3%가 아닌 장바구니 물가상승률 4.5%를 적용하면 현재 가치로 환산되는 연금 수령액은 10만 1,000원으로 줄어들어 낸 돈 10만 원과 거의 같다.

미래에 연금으로 받을 금액을 물가상승률을 감안해 현재 가치로 바꾸어서 지금 받는다면 얼마나 되는지를 예측해 보는 것은 매우 중요하다.

미래에 받을 연금수령액의 실제 가치가 줄어들지 않아야 하기 때문이다. 개인연금 역시 내가 낸 돈은 별로 안 되면서 막연히 나중에 많이 받을 것만 생각한다면 연금 수령 시 큰 낭패를 볼 수 있다.

여기다 몇 가지 더 감안해야 할 것이 있다. 국민연금의 경우 해마다 물가상승을 감안해 연금액을 올려 주기 때문에 물가가 많이 오르더라도 걱정할 필요가 없다. 또 한 가지, 국민연금은 평생 동안 연금을 지급하지만 위의 보험사 연금 상품은 25년간만 지급한다는 차이가 있다. 물론 평생연금을 지급하는 방식을 선택할 수 있지만 그럴 경우 연금 수령액은 줄어든다. 또한 현재 적용하는 금리 5.5%는 언제든 변동된다. 향후 금리가 하락하면 연금 수령액 또한 같이 줄어든다는 위험이 따른다.

이렇게 국민연금은 개인연금보다 장점이 많다. 향후 국민연금에 대해 추가 개혁이 단행된다면 연금 수령액이 지금보다 줄어들 수 있다. 하지만 그 폭이 크지 않다면 국민연금이 개인연금에 비해 더 많은 연금을 받는다는 점을 알 수 있다. 한 푼이 아쉬운 노후가 되면 어쩔 수 없이 납부했던 국민연금이 어설프게 가입해 둔 개인연금보다 훨씬 큰 힘이 될 것이다. 개인연금 가입에 앞서 국민연금부터 제대로 유지하는 것이 바람직한 노후 준비의 기본이다.

맞벌이 부부의 증가로 부부가 동시에 국민연금에 가입하는 경우가 많아졌다. 문제는 부부 중 한 사람이 사망했을 경우이다. 가령 남편이 사망했을 경우 부인은 본인이 가입한 국민연금을 선택하거나 남편의 유족연금(유족연금은 남편이 국민연금에 가입하고 있는 상태 또는 국민연금을 수령하던 중 사망했을 경우 유족들에게 지급되는 연금) 중 하나를 선택해야 한다. 이때는 본인에게 유리한 연금, 즉 연금수령액이 많은 쪽을 선택하면 된다. 만약 남편의 유족연금을 선택할 경우 본인이 낸 국민연금을 모두 포기해야 하지만, 본인이 낸 국민 연금을 수령한다면 남편 유족연금 수령액의 20%를 추가로 받을 수 있다는 점도 알아두면 좋다.

국민연금은 운용수익률이 나빠도 받는 돈은 보장 된다

국민연금이 운용을 잘못하면 연금 수령액도 줄어들까? 그렇지 않다. 국민연금은 국가가 국민에게 약속한 기본적인 노후 보장 수단이다. 국민연금이 지급하기로 약속한 연금액은 국민연금의 운용 성과와 별개로 예정대로 지급된다. 만약 운용 성과가 좋지 않다면 연금의 고갈 시기가 앞당겨진다고 보면 된다. 반대로 운용 성과가 좋으면 고갈 시기도 늦춰진다.

국민연금의 '주식투자 비중을 늘리겠다는 운용전략'에 대해 의견이 분분하다. 2009년 9월 말 현재 국민연금의 적립기금은 약 255조 8,000억 원이다. 자산별 투자 내역은 채권이 206조 2,000억 원으로 80.6%, 주식이 38조 7,000억 원으로 15.1%이며 나머지 4.3%는 SOC 등 대체투자와 복지 부문이다. 주식투자 비중은 2001년 말 5.2% → 200년 말 8.0% → 2009년 9월 말 15.1%로 꾸준히 증가하고 있다. 이렇게 주식투자 비중이 꾸준히 증가하자 공적 자금 특성상 위험자산에 대한 투자에 우려를 나타내는 시각이 늘어나고 있다. 반면 현재 월수입의 9%를 내는 보험료율을 14~15%로 늘리지 않는 한 주식 비중을 늘려 연금운용 수익을 높여야 국민연금의 고갈 시기를 늦출 수 있다는 시각도 있다.

운용수이륟로 바뀌는 것은 연급 수령액이 아닌 고갈 시기

국민연금의 고갈 시기는 2060년으로 예상한다. 고령화 추세로 말미암아 향후 연금 지급은 지속적으로 늘어날 수밖에 없어 어떤 방법으로든 국민연금 개혁은 필요해 보인다. 연금의 고갈 시기를 늦추려면 지금보다 국민연금을 더 내거나 덜 받거나, 아니면 운용을 잘해서 수익을 높이는 방법에는 없다.

노후 준비의 기본 원칙은 수입이 있을 때 수입의 일부를 떼어 수입이 없을 때를 대비하는 것이다. 이런 개념에서 보면 연금 고갈에 대한 걱정은 남아 있지만 국민연금은 가장 효율적인 노후 대비 수단이다. 설령 국민연금에 대한 보험료가 지금보다 높아진다 해도 개인연금의 수익률이 국민연금을 앞선다는 보장은 없다.

국가가 보장하는 국민연금이 불안하다면 일반 보험사들은 그보다 먼저 무너질 수 있어 더 불안할 수 있다. 일례로, 98년의 역사를 자랑하던 일본의 야마토 생명이 2008년 파산했으며, 그보다 앞서 2001년에는 도쿄뮤추얼생명이 파산했다. 세계 최대 보험사인 AIG생명도 2008년 파산 위기를 겨우 모면했다. 개인연금 가입자들의 연금 지급이 본격화된다면 이를 감당하지 못하는 보험사들이 국민연금 고갈에 앞서 무너질 수 있다.

세상에 확실한 것은 아무것도 없다. 국민연금은 향후 노후 자금으로 큰 도움이 안 될 것이라는 등 확실하지 않은 상황을 이야기하며 무리하게 개인연금 상품을 판매하는 행위는 무책임할 뿐 아니라 소중한 노후 준비에 혼선을 빚을 뿐이다. 국민연금을 기본으로 하고 개인연금으로 보완하는 노후 준비는 불확실한 미래를 대비하는 최선의 방법이다.

국민연금의 고갈 시기를 현재 예정 시기인 2060년에서 더욱 늦추려면 조금 더 내거나 조금 덜 받는 식의 개혁이 불가피할 것이다. 개혁의 시기를 늦출수록 나중에 국민연금에 가입하는 우리의 후손들이 많은 불이익을 받게 된다. 가장 적은 배율로 연금을 받는 월 소득 360만 원 이상 가입자를 기준으로 하더라도 내는 돈이 지금보다 1.85배 이상 늘어나지 않는다면 국민연금은 낸 돈보다는 많이 받는 구조다. 따라서 합리적인 선에서 서로 양보하여 국민연금 고갈 시기를 늦춤으로써 국민연금에 대한 불안감을 없앨 필요가 있다. 그렇지 않으면 2060년 이후 연금 지급에 필요한 막대한 돈을 정부가 세금으로 충당해야 하고, 이는 국민들에게 또 다른 부담으로 돌아오기 때문이다.

그런데 국민연금이 고갈된다면 현재 공무원연금이나 군인연금의 부족분을 정부가 세금으로 메워 주는 것과 같이 국민연금도 국가가 직접 나설 수밖에 없다. 만약 국민연금 지급이 중단된다면 국가가 국민이 낸 돈을 떼어먹는 것과 마찬가지가 되고, 정부는 신뢰에 큰 타격을 입는다. 즉, 국가가 돈이 없어서 부도를 내는 것과 마찬가지인 것이다. 따라서 가입자 입장에서는 최악의 경우를 가정하고 미리 불안해할 필요는 없다. 개인연금을 열심히 판매해온 민간 보험사를 역시 연금지급이 본격화되는 시점에 부실해질 가능성을 배제할 수 없으며, 모든 것이 불안하다면 미래 대비로 할 수가 없기 때문이다.

'국민연금+개인연금' 포트폴리오 짜기

노후는 준비해야겠지만 어떻게, 어느 만큼 준비해야 할지 답답할 수 있다. 앞서 국민연금이 노후 준비의 기본이라는 점을 강조했다. 그리고 모자라는 부분을 개인연금 상품으로 보완하면 된다. 이때 연금 판매직원이나 설계사의 말만 듣고 무리한 금액으로 가입하면 유지도 못하게 되어 더 큰 피해를 볼 수 있다.

그렇다면 어느 정도 금액으로 개인연금 상품을 이용해야 할까? 가장 쉬우면서 현실적인 방법은 국민연금 외에 월 소득의 10~15%를 은퇴 시까지 평생 준비하는 것이다. 가령 월수입이 200만 원이면 최소 10%인 20만 원 정도를 노후 자금으로 저축해야 한다. 단, 소득이 늘어나면 노후 준비 자금도 함께 늘려 나가야 한다. 소득이 200만 원에서 300만 원으로 늘어났다면 노후 자금도 20만 원에서 30만 원으로 늘려야 한다는 의미다.

개인연금, 월 소득의 10~15% 은퇴 시까지 꾸준하게

소득이 늘어나도 노후저축금액은 그대로 놔두는 경우가 많다. 하지만 물가도 올라가고 소득도 올라간다면 이에 비례해 노후 준비 자금도 늘려 저축해야 나중에 받는 연금 수령액이 원하는 만큼 달성된다.

하지만 소득의 10~15%를 노후 자금으로 준비하는 데도 전제 조건이 따른다. 은퇴를 60세로 봤을 때 30년 정도를 꾸준히 소득의 10~15% 정도로 준비해야 원하는 만큼 노후 자금이 마련된다는 사실이다. 즉, 30세부터 준비를 시작해야 시간의 힘과 더불어 제대로 노후 자금이 모아진다. 만약 40세라면 월 소득의 최소 20% 정도는 준비해야 한다. 준비하는 시간이 줄어들기 때문이다. 이렇게 준비할 수 있는 기간을 감안해 금액을 조절하면 된다. 설령 이러한 비율을 맞출 수 없더라도 10년 이상을 편하게 유지할 수 있는 금액으로 시작해야 하는 방법이 안전하다. 연금보험 상품 이용 시 가입 후 추가로 납입(불입)하는 방법으로 금액을 늘려 나가면 유지하기도 좋지만 사업비 부담도 줄일 수 있어 일석이조 효과를 누릴 수 있다.

연금 수령액은 반드시 물가상승을 감안해 따져 보라

국민연금은 물가상승을 감안해 연금 수령액이 올라가기 때문에 연금 수령액에 대한 가치가 유지된다는 점을 강조했다. 반면 개인연금은 그렇지 못하기 때문에 개인연금 상품에 가입했다면 물가상승을 감안한 연금 수령액을 따져 보는 것이 매우 중요하다. 또한 종신보험 같은 보장성 보험의 경우도 사망보험금의 가치를 물가와 연동해 생각해 봐야 한다.

몇 가지 중요한 항목별 가격을 과거 30년 전과 비교해 보면 물가상승률을 쉽게 체감할 수 있다. 30년 전 삼양라면 가격은 50원이었는데 지금은 소매가격 기준으로 700원 정도다. 30년 동안 14배 오른 셈이다. 버스 요금도 30년 전 50원에서 지금은 900원(교통카드 기준)으로 18배 올랐다. 이 밖에 가구당 연평균 소득은 173만 원에서 4,674만 원으로 27배 올랐고, 1년간 대학등록금은 국립대 자연계열 기준 11만 3,000원에서 819만 원으로 무려 72배나 올랐다.

▌지난 40년 동안의 인플레이션▐

구분	1977년	2017년	상승률
*삼양라면 가격	50원	1,300원	26배
*버스 요금	50원	1,200원	24배
가구당 연평균 소득 (도시 근로자)	173만 원	668만 원	38배
1년간 대학등록금 (국립대, 자연계열)	11만 3,500원	819만 원	74배

* 라면 값과 버스 요금은 2017년 12월 현재 기준.

그렇다면 40년 동안 연금 수령액이나 사망보험금도 네 가지 항목 중 가장 적게 오른 버스요금 상승률인 24배 정도는 올라야 내 돈의 가치가 유지된다. 만약 40년 전에 매월 10만 원씩 연금보험에 가입했다면 지금 받는 연금액이 매월 240만 원 정도는 되어야 똑같은 개수의 라면을 살 수 있는 정도의 구매력이 된다. 그렇다면 내가 가입한 연금 상품으로 20~30년 후 연금을 받을 때 실제로 도움이 될 수 있는지를 예측해 보아야 한다. 특히 종신보험을 유지하다 연금으로 전환하려고 한다면 더욱 조심해야 한다. 종신보험은 가입 후 최소 15년, 일반적으로 20년이 지나야 낸 돈 정도의 해약환급금이 쌓인다. 20년이 지나 낸 돈 정도의 해약환급금을 이용해 그 돈을 연금으로 사용할 경우 가치 하락은

라면 값 상승을 적용해 보면 쉽게 예상할 수 있다.

물론 앞으로 30년 후의 물가를 똑같은 잣대로 예측할 수는 없지만 과거의 사례로 보아 시간이 지날수록 돈 가치는 크게 하락한다는 예측은 충분히 가능하다.

개인연금으로 노후를 준비한다면 앞서 언급한 대로 소득이 늘어남에 따라 꾸준히 저축금액을 늘려야 물가상승을 이겨낼 수가 있다.

소득대비 적절한 연금 준비 기준에 대해

국민연금을 제외하고 소득의 10~15% 정도를 노후자금으로 마련해 두는 것이 좋다. 소득 대비 무리하게 연금 상품에 가입하면 중간에 유지도 못할 가능성이 있으므로 장기간 편하게 유지 가능한 노후자금의 기준으로 소득의 10~15% 정도를 제시했다. 만약 여유가 있다면 이 비율을 조금 더 높이는 것이 좋다. 또한 연령대 별로 이 비율이 달라져야 한다. 국민연금이나 공무원연금이 실제로 노후에 도움이 되는 이유는 소득이 늘어남에 따라 본인이 부담하는 연금 불입액이 꾸준히 늘어나는 구조이기 때문이다.

금융회사나 연금상품 영업직원들은 연금상품을 판매하기 위해 필요 노후자금에 대한 목표치를 높여 많은 연금에 가입하도록 유도 할 수 있다. 따라서 이런 마케팅에 현혹되지 않으려면 본인이 필요한 현실적인 노후자금에 대해 구체적인 목표 금액을 세워 보고 적절히 준비하는 것이 바람직하다.

2. 주식

증권 시장의 양적 성장과 더불어 낙관적인 우세론이 가득한 시점에서 우리가 취할 현명한 태도는 무엇일까? 단순히 전망과 상황이 좋으니깐 안이하게 생각하고 증시에 뛰어드는 것은 절대 안 될 일이다. 주식의 가격이 적정가를 이루고 있는지, 기업의 가치는 제대로 된 평가를 받고 있는지 기본적으로 알고 있어야 한다. 단계적으로 한걸음씩 주식의 세계로 들어가 보자.

'주식'이 갖는 두 가지 의미

주식(stock)이란 주식회사가 자금을 조달할 때 발행하는 증서로 기업의 소유권리를 일정한 수의 사람들에게 나누어 주는 권리이다. 주식은 자본의 구성단위와 주주권으로서의 두 가지 의미를 지닌다고 할 수 있다.

주식이 자본의 구성단위로서 의미를 지닌다는 것은 주식회사는 자본에 의해 결합된 법인으로 그 자본은 주식에 의해 여러 사람들에게 골고루 분할되어있기 때문이다.

예를 들어 A기업의 자본금이 10억이고 1주의 액면가가 5,000원이라고 할 때 A기업의 주식 수는 10억(1,000,000,000)가 된다. 이렇듯 주식은 기업의 자본금을 구성하는 하나의 단위로서 역할을 하며, 회사가 발행한 주식의 액면 총액이 회사의 자본이다. 다음으로 주주권으로서 의미는 주식을 소유하고 있는 주주(stock-holder)는 회사에 대한 권리와 의무를 가진다는 것이다. 즉, 주주권이라 함은 주주가 회사에 대해 가지는 법률상의 지위를 말하며 주주는 법률상 사원자격을 가지는 동시에 회사에 대하여 수평적 지분을 가지고 있음을 의미한다.

주식회사를 설립할 경우나 사업 확장 및 신규사업으로 인해 자본이 필요할 경우 새로운 주식을 발행하여 자금을 마련하게 된다. 그리고 그 대가루 일정 사람들에게 자본금만큼 주식을 발행하고, 회사에 자금을 출자한 출자자는 주주가 되고, 주주는 회사에 대한 권리와 의무를 가지게 된다.

주식투자 첫걸음, 꼼꼼히 시작하자

일반적으로 사람은 적은 수익의 확실한 투자보다는 다소 불확실하지만 수익이 더 높은 것에 매력을 느낀다. 평균적으로 우리가 재테크를 할 때 따지는 것은 수익성, 환금성, 안정성이다. 사람에 따라 차이는 있지만 그 중에서도 가장 우선순위를 두는 것은 대체로 수익성이다. 주식은 'High Risk High Return'의 양면성을 지닌 재테크 상품이다.

주식투자를 하려면 우선 가까운 증권사에 계좌를 개설해야 한다. 계좌개설 후 주식을 사기 위해서는 주식을 사는데 필요한 투자자금을 입금시켜야 하며, 고객이 증권 회사에 낸 주문은 증권거래소에서 정한 매매거래원칙에 따라 경쟁매매에 의하여 매매거래가 성립된다.

이때 주식 가격의 변동으로 매매가 체결되지 않는 경우가 있으므로 주문 후 반드시 체결여부를 증권사를 통해 여러 가지 방법으로 확인하여야 한다.

1) 전문증권회사의 선택

주식투자를 하기에 앞서 매매주문이 정확하고 신속하게 처리되며, 재무구조도 좋은 증권사를 선택하는 것이 유리하다. 최근에는 데이트레이딩이 활성화되면서 온라인 매매수수료가 저렴한 증권사를 선택하기도 하며, 온라인상에서 매매를 주문하기 편하고 증권사를 직접 이용하는데 불편이 없어야 하는 점도 증권사 선택의 기준이 되기도 한다.

그리고 대부분의 증권사는 은행 간의 이체거래가 되므로 자신의 주거래 은행과 수수료 없이 이체업무가 되는지도 체크하여야 한다. 특히 온라인상에서 빈번한 거래를 하는 투자자라면 홈트레이딩(HTS)의 속도와 기능성 및 편리성 그리고 차트 분석프로그램 등을 기준으로 증권사를 선택해야 한다.

2) 주식계좌 개설하기

계좌 개설시 준비물: 신분증, 도장(사인으로 대체가능), 은행예금통장(은행이체시 필요)

투자자가 증권투자를 하기 위해서는 우선 증권사에 계좌를 개설해야 한다. 증권계좌 개설은 매매거래계좌 설정계약을 맺으면 되고, 이때 도장, 신분증이 필요하다.

(도장 대신에 사인으로 가능함) 증권사의 객장에 비치되어 있는 위탁계좌신청서에 기재사항을 기재하고 나서 증권창구 직원에게 접수하면 증권카드를 교부해준다. 이것으로 주식투자를 할 수 있는 준비가 끝나게 된다.(단, 인터넷으로 온라인투자를 하고자 하면 PC에 증권사의 홈트레이딩(HTS) 시스템을 다운로드하여 설치해야 한다.)

위탁계좌를 신청할 경우에 기재사항 항목을 꼼꼼히 살핀 후 기재해야 한다. 특히 주식거래 내역서의 수령 여부, 은행이체신청여부, 온라인 증권거래 신청여부 등은 반드시 확인하시고 기재해야 한다.

3) 계좌개설 후 투자 종잣돈 입금

주식매매는 거래소시장의 종목은 10주, 코스닥시장 종목은 1주가 최저주문 단위가 된다.

따라서 거래소시장의 주식을 살 경우에 10주가 최저 매매단위이기 때문에 1주 금액의 10배 금액이 필요하다. 예를 들어 1주의 주식가격이 10,000원인 거래소 주식을 매매하기 위해서는 100,000원의 금액을 필요로 한다. 코스닥 시장은 최저 매매 단위가 1주이기 때문에 코스닥 시장의 주식의 매매할 경우에는 1주의 금액이 필요하다.

4) 주식매수주문하기

매매주문 방법은 3가지가 있다.

- 직접 증권회사의 객장에 나가서 주문표를 작성하여 매매
- 증권회사의 전화 및 ARS를 통해서 주문
- 인터넷의 증권사 홈트레이딩(HTS)으로 주문

▶ 매매 시 주의할 점은 반드시 어느 종목의 주식을, 몇 주를, 얼마로, 사느냐, 파느냐를 미리 확인한 후 주문을 해야 실수를 줄일 수 있다.

▶ 특히 매도매수 주문 시 수수료가 발생하는데 홈트레이딩을 통한 주문을 할 경우가 거래수수료가 가장 저렴하므로 활용하는 것이 좋다.

이제는 우리 주변에 있는 수많은 주식들이 각자 지니고 있는 가치만큼 제대로 평가받고 있는지 알아보자.

현재 주가는 적절한 평가액인가

주식 가격이 싼지 비싼지를 판단하는 방법은 무수히 많다. 그중 PER라는 지표가 있다. PER는 주당순이익에 비하여 주가가 얼마나 높은가를 나타내는 지표로 어느 기업이 일 년간 벌어들인 이익의 몇 배로 현재 시장에서 거래되고 있는가를 알아보는 지표이다.

PER(주가수익비율)= 주가 / 1주당 당기순이익(EPS)

예를 들어 일 년에 한 주당 1만원 버는 A기업이 주식시장에서 1만원에 거래되고 있다면 PER 1배이다. 10만 원 거래되고 있다면 PER은 10배이다. 100만 원에 거래되고 있다면 PER은 100배인 것이다. PER가 낮

으면 주가가 저평가, PER가 높으면 고평가되어 있는 것이다.

적정주가(기업의 가치) = 주당 예상순이익 × 주가수익비율(PER)

예를 들어 A기업의 주당 순이익이 2,000원이고 주가수익비율이 10배라면, A기업의 적정주가는 20,000원이다. 만약 현재 주가가 13,000원이면 적정주가보다 7,000원이 저평가되어 있다는 것이고, 주가가 25,000원이면 5,000원이 비싸게 거래되고 있다는 것이다.

흔히 투자수단을 판단하는 투자자는 환금성, 안정성, 수익성을 기준으로 투자수단을 평가한다. 환금성이란 필요할 때 즉시 현금화할 수 있는가를 보는 것이며, 안정성은 투자한 원금이 변동하지 않는 것을 의미하며, 수익성이란 투자한 돈에서 어느 정도의 수익을 얻을 수 있을지 하는 의미를 말한다. 세 가지 투자수단의 기준을 염두에 두고 주식 투자의 장점에 대해 알아보자.

주식투자로 고수익을 얻을 수 있다

주식을 투자함으로써 수익을 얻을 수 있는 방법은 배당 수익과 시세차익이 있다. 배당수익이란 기업이 매년 결산기마다 경영성과에 따라 주주들에게 현금이나 주식으로 배당을 하는데 따라 얻어지는 수익을 말한다. 시세차익은 투자한 기업의 주식 가격이 매입한 주식가격보다 상승했을 때 얻어지는 이익이다. 주식 투자에 있어 가장 큰 매력은 시세차익이라고 할 수 있으며 세금이 없다는 것도 큰 매력이다.

주식은 매매 절차가 간편하고 환금성이 뛰어나다

주식은 증권시장에서 매일매일 거래가 이루어지고 있기 때문에 소유하고 있는 주식을 현금화 하고 싶을 때 언제든지 처분할 수 있다. 사고 싶을 때도 마찬가지로 언제든 살 수 있다.

편리하고 활용성이 높다

주식매매에 관련된 일체의 업무를 증권사가 대행하기 때문에 주식을 사고파는 절차는 일반 은행의 입출금처럼 간단하다. 또한 주식은 각종 보증금으로 대납이 가능하며 주식을 담보로 대출도 가능하다.

안정성을 늘 염두에 두어라

다만 주식투자를 할 때 항상 염두에 두어여 할 점은 위험이라는 요소가 존재 한다는 것이다. 주식은 은행의 이자처럼 반드시 수익을 준다는 보장이 없다. 따라서 주식은 일반은행의 예, 적금과 비교할 때 안정성이 뒤떨어진다.

과연 나는 어떤 투자자의 유형에 속할까? 라는 질문을 던져보길 바란다. 명확하고 납득이 가는 투자만이 위험성을 줄일 수 있다. 이세상의 현존하는 그 어떤 투자라도 투자한 종목에 대한 지속적인 관리는 기본이자 필수라는 것을 명심하자.

주식투자 성공비법

주가는 매일 뉴스나 이슈에 의해 유행을 타고 있는 테마를 형성하는 습성을 가지고 있다. 대부분의 초보투자자들은 “왜 종합주가지수는 오르는데 내가 투자한 주식은 안 오르는가?”하는 이야기를 많이 한다.

대답은 간단하다. 이유는 주식시장의 테마주와 주도주를 매수하지 못하기 때문이다. 즉 시장과 거꾸로 가고 있다는 것이다. 주식투자는 숨가쁘게 벌어지는 생존과 죽음이 공존하는 전쟁터이다. 평생 모은 종잣돈을 휴지 조각처럼 날려 버릴 수도 있지만 시장의 흐름을 잘 분석하고 테마주를 적절한 타이밍에 매수하면 고수익을 올릴 수 있는 기회의 시장이기도 하다.

주식 투자로 성공하려면 주식투자에 실패한 유형을 분석하고 주식투자로 성공하기 위한 자기만의 노하우와 원칙을 만드는 것이 승리하는 길이다.

초보 투자가가 반드시 피해야 할 6가지 유형

• 묻지마식 투자성향

지금도 기억이 생생한 필자의 절친한 선배는 증권주 및 은행주를 주가가 오를 만큼 올라가 있을 때 잘못 발을 들여 주가하락의 쓰디 쓴 맛을 보았다. 나름대로 잘 나간다는 사업을 하고 있었음에도 불구하고 지나치게 큰 욕심을 내서 2년 동안 모아 둔 1억 원을 주식에 투자하였던 것이다. 증권사에 근무하는 친구들의 자문도 받으면서 열성을 보였는데 주가하락으로 인해 원금의 반 이상을 잃었던 것이다.

사업가의 기질을 갖추고 돈에는 남다른 눈을 가진 그가 왜 묻지마식 투자를 하였을까? 바로 그 선배는 순전히 증권사에 근무하는 친구들의 조언과 자신의 느낌만을 최우선적으로 믿었고, 올인 하게 된 가장 큰 이유는 전일 상한가로 마감을 하였으므로 오늘도 상한가로 진입할 것이라는 잘못된 판단과 기대감 때문이었다. 그의 예상 밖으로 큰 폭으로 주가는 떨어졌다. 그 선배뿐만 아니라 당시 필자가 알던 대부분의 주식투자자들은 막대한 손해로 죽고 싶은 심정이라는 것을 알 수 있었다. 그 당시의 상황이 상상하기 싫을 정도로 생생하다.

그 선배와 당시의 투자자들은 단 한번의 '예감'이라는 실수로 인생의 쓴 맛을 보았던 것이다. 그들의 가장 큰 실수는 과연 무엇이었을까? '손절매'를 하지 않았기 때문이다.

그 당시에 선배가 했던 말을 더듬으면 역시 주식은 사는 것보다 팔기가 어렵다는 가장 기본적이고도 기초적인 사실을 묵인했기 때문이다. 그렇다. 항상 지난 다음에 후회하면 뭐할까? 상한가로 오르질 못하고 4%정도 떨어지고 있을 때 욕심을 버리고 '손절매'를 했어야 했다.

이렇게 묻지마식 투자성향을 가진 사람들은 지금도 많이 볼 수 있고, 남이 좋다고 하면 무조건 따라서 투자를 한다. 특히나 주식으로 돈을 맛본 사람의 말이라면 추종을 하면서까지 묻지마식 투자를 한다. 간접투자인 펀드를 하건, 직접투자인 주식을 하건 묻지마식 투자를 한사람들 치고 결과가 좋은 사람은 단 한명도 보질 못했다. 한 두 번은 우연의 일치로 수익이 날지는 몰라도 결국에는 더 큰 돈을 날리는 꼴이 된다.

단순하게 생각해보자. 어떻게 투자자 자신의 전 재산 또는 목돈을 본인의 판단은 배제한 채 남의 말만 믿고 따라 갈 수 있을까? 주식을 살 때는 반드시 사야 하는 명백한 이유가 있어야만 하고 항상 초심을 지켜야만 한다.

• 겁 없는 왕초보 성향

누가 봐도 성실한 모범 회사원 이대박씨는 주식에 대한 경험이 전혀 없었고, 업무에만 몰두하는 그런 성실한 회사원이었다. 그런 이대박씨가 가장 높은 시세에 주식을 매입하게 되어 손실이 커도 보통 큰 게 아니었다. 코스닥 종목은 유동성이 심하여 상투에 걸리면 원금보존이 불가능하다고 봐도 과언이 아니다. 그는 보너스를 아끼고 아껴 2,000만원을 장외주식에 투자를 하였던 것이다. 주당 만원 2,000주를 매수를 하였다. 초보인 이대박씨가 2,000주나 매입한 이유는 10일이 넘도록 상한가를 치는 것을 보고 당분간은 지속될 것이라는 기대심리로 일을 저질렀던 것이었다. 주식에 대해 어느 정도 아는 독자라면 10일이 넘게 상한가 친 종목을 산다는 것을 의아하게 생각할 것이다.

초보들이 자주 경험하는 위험한 발상 중 하나로 오르는 종목은 계속 오를 것 같고, 내리는 종목은 끝없이 내려갈 것으로 판단하는 것이다. 연일 상한가종목을 따라다니다 보면 상투를 만나는 것은 그리 어렵지 않은 일이다. 초보 투자자인 이대박씨도 상투를 만나게 된 것이었다. 결과는 뻔할 뻔자다. 상투를 만나 주가하락으로 인해 주당 7천 원에 2천 주 모두 헐값에 매도 할 수밖에 없는 처지였다. 이런 이대박씨는 매도 후 주식시장에는 발도 들이지 않겠다고 다짐을 하곤 떠났다. 대부분의 주식 초보자들은 '손해를 봐봤자 얼마나 보겠어?'라는 겁 없는 발상으로 큰 손해만 보고 떠나곤 한다.

이대박씨에 대한 처방을 내려 보자. 대부분의 초보 투자자는 '주식을 하고 싶은데 어떤 종목을 추천하나요?'라는 질문을 던지곤 한다. 물론, 항상 예상하고 있는 질문이고, 과거나 현재나 미래에도 큰 변화는 없다고 본다. 이런 겁 없는 초보형은 항상 존재한다.

누군가가 한 종목을 추천해주면 별 거리낌 없이 자신을 합리화 시켜서 "바로 이거야!"라고 혼자서 확신을 내리곤 하는데 차라리 돈을 기부하는 편이 좋지 않을까 싶다. 그게 아니라면 아무리 정답이 없는 주식시장이라도 최소한의 원칙은 존재한다는 것을 꼭 기억해야 한다.

• 투기열풍에 휩싸여 놀아나는 성향

지난 1999년 우선주에 대한 이상 투자열풍으로 우선주의 평균가격이 보통주 가격을 넘어서는 역전현상이 발생했었다. 그 당시 증권사간의 경쟁으로 인한 주식투자 수익률 게임 때문에 투자자들이 물량이 적은 우선주의 시세를 의도적으로 끌어올렸다는 소문이 파다했었다.

수익률을 단기에 끌어올리기에는 주식수가 적은 종목을 올리는 것이 가장 쉽기 때문이다. 어쨌거나 이런 속사정을 모르고 막연히 계속 오를 것이란 기대감 때문에 우선주를 매입했던 많은 투자자들은 큰 손해를 볼 수밖에 없었다.

무모한씨는 기대에 부풀어 모 백화점의 우선주와 기타 우선주를 미수로 매수하였다. 당일 상한가에서 종가는 하한가로 무려 70%에 달하는 원금손실이 났고 그 다음날에는 깡통계좌가 되어 버렸다. 이럴 때면 주식투자를 하는 사람들은 급기야 죽음까지 생각하게 만든다. 이토록 주식시장은 무섭고 참으로 비참하다. 착실하게 일만 열심히 했던 무모한씨는 몇 배의 이익을 보고 주식시장에 뛰어 들었겠지만 주식시장이 그리 만만한 상대는 절대 아니었던 것이다.

주식은 뭘까? 주식이 무언지를 떠올려 보아라! 주식은 기업의 가치(Value)를 사고 파는 것이다. 주가는 한 기업의 성적표와 차이가 없다. 주식을 하기 전에 우리는 반드시 거쳐야 할 것이 있는데 그것은 바로 그 기업에 대한 가치를 잘 판단하여야 한다는 것이다. 통상적으로 우선주가 보통주의 70~80%가 적정수준의 가격이다. 그런데 당시 사례로 보면 우선주가 보통주의 8배 가까이 오르기까지 했다. 상식에서 벗어난 믿을 수 없는 현상이었던 것이다. 그런데도 불구하고 주식을 사는 사람들이 있는 데에 큰 문제가 있었던 것이다. 이건 더 이상 주식투자가 아닌 투기나 도박과 전혀 다를 게 없었던 것이다. 투자자 자신이 도박을 하는지 주식투자를 하는지 수시로 체크를 하여야 한다.

• 대박만을 상상하는 성향

한방에 떼돈을 벌수 있는 확률이 크다면 땀 흘리면서 일 할 사람은 거의 없을 것이다. 아마도 주식투자를 오랜 시간 경험해본 사람들은 인생이 쓴 맛, 단 맛 모두를 다 보았을 것이고 "주식투자로 대박은 없다." 라고 말하고 싶을 것이다.

한방에 대박을 원한다면 차라리 로또나 도박을 하는 편이 빠를지도 모르겠다. 필자가 이렇게까지 표현한 이유는 분명하고 명확하다. 주식시장에서는 단 한번이 배팅으로 승부를 볼 수 없다는 이유 때문이다.

대박을 노리는 박사장이 있었다. 박사장은 무역을 하면서 큰 돈을 벌 수 있었고 사업 확장 중 한계를 느낀 그는 주식시장에 대박을 꿈꾸고 뛰어들게 됐다. 박사장 역시 평소 친분이 있는 전문가가 추천 해준 주식에 7억 원을 투자하여, 4억 원을 잃게 되었다. 전문가의 '무조건 오를 테니 자기만 믿고 사라'고 했던 말을 믿었다. 그러나 그 책임은 고스란히 박사장의 몫이었다. 그는 사태 수습을 위해 나머지 3억 원에다 2억 원을 여기저기서 조달해 상담을 통해 조언을 구했지만 아직도 대박의 꿈만을 가지고 있어 그에게 만족할 만한 답변은 있지도 않았고, 그의 의중을 꺾기란 불가능했다. 결론은 뻔했다. 대박만을 향해 초조한 마음으로 전액을 투자 한 박사장은 모든 것을 잃게 되었다.

거의 모든 대박을 꿈꾸는 투자자는 박사장처럼 박스권은 물론이고, 상한가, 하한가도 모른다. 주식에 대해 얄팍한 지식만을 가진 이런 성향의 투자자는 대부분 경제신문에 의존하여 가장 싼 주식 몇 개를 골라 투자를 한다. 이유인즉 가격이 아주 저렴하고 수일 동안 주식이 빠지는데 더 이상 빠질 일이 없다고 판단을 하기 때문이다.

• 한 우물(종목)만 꾸준히 파는 성향

'고기도 먹어본 사람이 잘 먹는다'라는 말이 왠지 이상하게 들릴지 모르겠지만 적어도 이 상황에서는 적합한 표현이 아닐 수가 없다. 이바람 씨는 삼성전자 우선주에 올인 한 사람이다. 그는 3월 초에 삼성전자 우선주가 전날 만원이 오르고 다음날 오천 원이 빠지기가 무섭게 미수로 주식을 매입하기 시작했다. 이유인즉 "만 원이 오른 상태에서 겨우 5천 원이 빠졌으니 바닥을 쳤구나."라는 판단에서였다. 사실 이바람씨는 얼마 전에 삼성전자 우선주에 투자하여 높은 수익을 올린 적이 있었다. 그런 그는 자신감이 충만할 수밖에 없었던 것이다.

예전에도 그랬으니 이번에도 그럴 것이라는 오류에 빠지게 되었던 것이다. 그런 그에게 그의 절친한 친구인 준영씨가 물었다. "만약에 다른 주식도 이런 형태로 간다면 미수로 살래?"라고 하자 이바람씨는 대답을 회피했다. 과연 그가 다른 주식을 미수로 매수할 수 있을까? 여러분의 상상에 맡기겠다.

주식도 펀드와 마찬가지로 적절한 분산투자가 매우 중요하고, 5개의 종목은 가지고 있어야 한다고 생각한다. 너무 많은 종목에 투자를 하게 되면 사실상 관리가 힘들기 때문이다.

또한 개인투자자는 투자금액의 50%정도는 현금으로 준비가 되어 있어야 한다. 주식을 하다보면 분명 물타기가 필요하거나 다른 종목을 살 경우에 분명 생기기 때문이다. 한 종목에 무조건적으로 투자금을 몰아 넣은 경우에는 물타기나 종목 갈아타기가 사실상 힘들기 때문에 적절한 대비책도 항시 준비 되어 있어야 한다.

• 손해보고는 못 파는 성향

이런 성향의 사람들은 주가가 오를 때 언제 팔아야 할지에 대해 고심하면서 시간을 보낸다. 그렇다고 시원하게 팔지도 못한다. 왜냐하면 혹시나 주가가 내리게 될까 두려워서 팔지 못하기 때문이다. 다시 오를 것 같은 느낌이라고 자기 자신을 합리화 시키는 데는 국가대표 선수격이다. 주가가 지속적으로 하락세로 가면 머뭇거리는데 시간을 허비해서 매도 타이밍을 놓쳐버리고, 더 빠지게 되면 막연히 오르기만을 기다리는데 이는 기다리는 건지 오르기만을 기도 하는 건지 알 수가 없다. 사실 모든 투자자들에게 손해를 보고 파는 것이 가장 가슴 아픈 일인 건 사실이다.

이익을 극대화에 있어 절대적으로 필요한 손절매를 못해서 손해를 보는 경우가 많은데 주식투자에 있어 기본은 '조금만 잃고 많이 먹자'이다. 무턱대고 많은 이익만을 생각하지 말고, 적정량의 손해는 감수해야 한다는 뜻이다. 잘 알다시피 손절매에는 정해진 규칙이나 법칙은 존재하지 않는다. 손절매는 자기 자신의 기준을 스스로 정해놓고 지켜야 한다는 것이다. 자기 자신이 정해놓은 목표수익률이 나오면 매도를 생각해야 한다는 것이다.

주식투자를 하면서 왕도란 있을 수 없다. 자기 자신이 초심에서 벗어나지 않는다면 기본원칙이 최우선의 방책이다. 이와 같이 초보투자가가 주의해야 할 원칙에 대해 알아보았다.

주식투자 프로와 초보의 차이

프로들은 오르는 주식을 투자하고 초보들은 내리는 주식에 투자한다.

초보들은 주식이 어느 정도 오르면 그 주식은 많이 올랐으니 이제 더 오르기는 힘들 것이다. 이런 생각에 매수하지 않고 앞으로 오를만한 주식이 뭐가 있는지 찾는다. 그러나 프로들은 오르는 주식에는 오르는 이유가 있다는 것을 간파한다.

그 이유를 간파하고 한번 움직인 주식은 관성이 있기 때문에 여하한의 이유에 의해서는 멈추지 않는다는 것을 간파하고 있다. 움직였다는 것 자체가 물량소화는 이미 끝났다고 생각한다. 또한 초보는 내리는 주식을 좋아한다. 한 달 전까지 이 주식이 1만원이었는데 반 토막이 나서 이제 5천원 밖에 안한다. 이러면 더없이 좋은 주식이고 가격이 너무 싸다고 생각하여 벌떼처럼 달려들고 매수한다. 물론 주식은 결코 한 번에 바로 급락하는 종목은 찾아보기 힘들다. 기술적으로 어느 정도 과매도권에 진입하면 어느 주식이나 반등이 온다. 그러나 초보들은 이 '반등'의 매력을 너무 크게 평가한다.

• 프로는 서서히 움직이기 시작하는 주식을 좋아하고 초보는 단기에 급등, 급락하는 주식을 좋아한다

일단 프로들은 급락하는 주식에 확실한 이유 없이는 철저히 매수를 배제하니 내리는 주식에 투자할 일은 거의 없다. 초보는 오르는 주식보다 내리는 주식을 좋아하여 그들의 매수항목을 보면 2:8정도로 내리는 주식이 많다. 단기급락종목이야말로 초보들이 가장 매력적으로 생각하는 종목인데 프로들은 내리는 종목 중에도 단기급락 종목은 눈도 돌리지 않는다.

적어도 급락종목이 바닥에서 거래량 없이 어느 정도 횡보한 이후에야 '한번 분석해 볼까?'하고 분석을 시작해서 역시 아니라고 싶으면 손도 대지 않는다. 또한 급등종목처럼 사람이 많이 모이는 종목 또한 손대지 않는다.

• 프로는 위험관리가 철저하고 초보들은 위험관리에 관대하다

프로는 주식을 관리하지 않고 위험을 관리하는데 초보는 위험을 관리하고 주식을 관리한다. 프로는 주식분석보다 위험분석을 더 중시하는데 초보는 위험분석보다 주식분석을 더 중시한다. 프로는 위험을 알기 때문에 위험에서 피할 수 있고 위험이 다가옴을 느끼는데 초보는 위험이란 것 자체에 애초에 신경을 쓰지 않았기 때문에 위험이 다가오는지 알지 못한다.

• 프로들은 자신들이 부족하다 느끼고 공부하지만 초보는 자신만 믿는다

프로들 중에 여러 가지 재무분석을 할 수 없는 사람은 없다. 그들은 이러한 여러 재무분석을 배운 후에 '내가 예전에는 기업이나 주식 경제의 거시흐름 등에 대해서 아무것도 몰랐다'고 오히려 겸손해 하지만 초보들은 아무것도 모르면서 '주식에 대해서는 내가 달인'이라고 생각한다.

초보는 프로들이 하는 기업가치분석이나 현금흐름분석 같은 것에 대해 '그런 것을 뭐하러 하나? 주식은 감과 경험이 제일'이라고 한다. 프로들이 이런 분석하는 작업에 시간을 쪼개고 있을 때 초보들은 그 기업 게시판에 가서 누구나 뻔히 알 수 있는 정보 획득에 만족하고 만다.

프로들은 자신이 부족한 것을 알고 채권이나 부동산 거시경제흐름, 세계경기 등에 시각을 넓히고 향후 신흥시장에 투자할 계획까지 잡고 있는데 초보들은 어설프게 아는 지식으로 공부는 하지 않는다. 공부를 안 하다 보니 어제투자와 오늘투자가 달라진 게 없고 어제 손실이 오늘 손실을 다시 부르는 악순환을 거듭한다.

• 프로들은 장기간의 영원한 승리자이고 초보들은 단기에는 승리할 수 있을지 모르지만 장기에는 모두 패배한다

프로들은 그들의 실력으로 승부하므로 단기간에 걸친 승리와 그것을 지켜내는 위험관리가 탁월하여 기간이 길어지면 질수록 그들의 승률은 상승한다.

초보들은 그들의 운으로 승부하므로 단기간에는 그들의 운이 적용하여 성공할 수 도 있지만 장기간에 그들의 운이 다하면 모두 패배자가 될 수밖에 없다. 주식시장에서 운이란 것은 없다는 것을 깨달아야만 한다. 프로들은 주식시장이든 세상사 어디서든 실력을 능가할 수 있는 것은 없다는 것을 간파하기 때문에 초보가 따라갈 수 없는 경지까지 이른다.

• **프로는 처음은 초보였으나 후에는 프로가 되었고 초보는 처음도 초보고 시간이 지나도 역시 초보이다**

프로도 처음엔 모두 초보에서 시작했다. 프로가 처음 주식을 할 때 그들 모두 영락없이 초보였다. 그런데 그들은 프로가 되는 길을 알았고 끝없이 정진하고 '프로의 길'이 있음을 알았기에 스스로를 갈고 닦았다. 그들은 초보일 때 쓰라린 패배도 맛보았고 끝없는 아픔을 겪기도 했다. 그러다 프로들은 이러한 쓰라린 패배와 아픔을 오히려 자신을 수양하고 실력을 한 단계 늘릴 수 있는 철저한 계기로 삼고 패배에 굴복하지 않았다. 하지만 초보들은 상황이 조금만 힘들면 바로 굴복해버린다.

절대 실패하지 않는 독한 주식투자 10계명

• **대출로 주식투자 하지 마라**

대출을 받아서 주식하는 것은 절대 금물이다. 주식투자를 할 때는 단돈 10만 원이라도 여유자금으로 주식에 투자해야 한다. 다달이 늘어가는 원금과 이자상환 걱정에 급하게 매매를 하여 원금마저 손해 보게 되는 경우는 주위에서 종종 볼 수 있다.

첫째도 둘째도 이 돈이 없어도 살아가는데 아무런 지장이 없는 이런 여유자금으로 하는 것이 좋다. 그래도 안 되겠다면 신문과 인터넷에 올라온 깡통계좌에 대한 기사를 유심히 봐라.

• **분산투자 하라**

계란을 한 바구니에 담지 말고 금액에 맞게 적당히 종목을 나누어 분산투자하는 것이 종목 선택의 기본이다. 최소 3~4가지의 종목으로 포트폴리오를 구성하여 쪼개서 투자하는 습관을 가지는 것이 좋다. 특정 종목이 좋아 보이고 느낌이 좋아도 투자 자금의 전부보다는 50%이내에서 투자해야 함을 잊지 말자.

세상은 아무 예고 없이 돌변할 때가 있기 마련이다. 아주 심술궂은 습관을 가지고 있는데 오늘 상한가를 기록한 주식이 내일이면 하한가로 곤두박질 칠 수도 있는 것이다. 아무리 열심히 조사하고 연구해도 빠트리는 것은 반드시 있는 법이다. 위험관리 차원에서도 자산의 대부분을 한군데 올인 하는 것은 피해야 한다.

• 때가 올 때까지 인내심을 가지고 기다려라

인내심을 가지고 우량한 회사의 주식을 매입하여 장기투자 하는 것이 좋다. 1년이 아니라 10년 이상 가져갈 생각으로 종목을 매수해야 한다.

주식 투자자들의 편견 중 하나가 구체적 자료 분석 없이 우량주식의 가격을 보고 오르지 못할 거라고 판단해 위험한 종목이나 가격이 싼 종목이 급상승할 것이라고 생각하는 것이다. 그러나 우량 주식들은 꾸준히 상승해 코스피 지수 상승률보다도 높은 상승률을 중、장기적으로 달성하고 있다.

• 자신만의 투자원칙을 설정하라

주식 직접투자에서는 감으로 매매에 임하지 말고 자신만의 투자원칙을 설정, 고수하는 것이 중요하다. 단순하면서 본인의 성격에 적합한 투자방법을 개발하고 투자해야 한다. 자신의 성향, 습관 등을 고려해서 종목과 투자스타일을 찾고 자신의 원칙을 목숨처럼 지킨다.

원칙을 세우는 것도 어렵지만 이를 지키는 것도 더욱 더 어렵다. 투자의 대가들도 간혹 실패할 때가 있는데 이는 원칙이 아예 없거나 원칙을 알면서도 지키지 않았기 때문이다. 그래서 명인들의 성공적인 투자 방법을 연구하고 본인에 맞게 리모델링하는 것도 자신만의 원칙을 만드는 좋은 방법이다. 좋은 느낌과 감은 시작부터 버려라.

• 충동적인 매매는 피하라

아무리 주가가 싸더라도 기업의 재무제표나 연차보고서를 읽고 분석한 뒤 매수에 나서야 한다. 성격이 조급한 나머지 성급한 결정으로 나쁜 주식을 사게 되면 돈을 잃게 되고 우리는 바로 실패하고 만다. 실패비용은 기회비용을 항상 능가한다. 주식시장의 성패는 자기 자신과의 싸움이고 안정을 찾고 급한 마음으로 묻지마 매매를 해서는 안 된다. 일반투자자들은 기관들이 내놓은 종목을 성급하게 매수하고 실전 이전에 장세, 시황, 기업 가치 등 기본적인 분석과 추세, 패턴 등 기술적인 분석을 철저히 병행해야 한다.

• 실패를 두려워하지 말라

투자에는 실수가 따르기 마련이다. 그러나 실수를 피해가기 위해 투자를 하지 않는다면 그 자체가 가장 큰 실수이고 돈 불리기를 멀리하는 것이다. 중요한 것은 실수를 통해 배우고 같은 실수를 반복하지 않는데 있다. 실패는 다만 실천의 다른 말일 뿐이다. 위험성을 줄이려 하면 방법은 수도 없이 많고 주식을 배우는데 실패만큼 큰 성공은 없다.

투자의 대가라 불리는 사람들도 초창기에는 실패를 경험한다. 하지만 실패의 원인을 철저히 분석하고 같은 실수를 되풀이하지 않기 때문에 투자에 성공할 수 있는 것이다. 존 템플턴은 투자실패 후 고통 받던 30년간의 경험을 통해 열광적인 대중심리로부터 담담해지는 방법을 터득했다고 한다. 손해를 보면 비싼 수업료를 치렀다고 생각한다. 그리고 실패하지 않는 법을 터득해 나갔다.

• 주식 매매가 도박이 되어서는 안 된다

주식 매매를 투기가 아닌 정석투자로 보아야 한다. 몇 달치 월급으로 단기매매에 매달린다면 회사에서 거의 업무를 보지 못하거나 생업을 포기하게 되는 경우가 수도 없이 많다. 주식매매는 업무외의 소일거리정도로 생각해야 한다. 그리고 코스닥 종목보다는 거래소 종목을 선택하는 것이 현명한 방법이다.

• 수익의 절반은 인출하라

제시 리버모어는 초창기 투자실패의 원인이 번 돈을 잘 관리하지 못한 데 있다고 판단했다. 그는 투자원금이 두 배로 불어나면 그 중 절반을 인출해서 안전한 자산으로 옮겼다. 불어난 돈을 넣어 계좌에 넣어두면 계속해서 거래를 하다가 파산하는 불행을 자초하면 곤란하다.

주식이란 것이 100번의 이익이 나도 한번 큰 손해가 나면 깡통계좌가 될 수 있듯이 리스크를 관리하는 것이 얼마나 중요한 것인가를 절대로 잊지 말라. 지금 수익이 아주 좋아 웃고 있는 투자자들 중 일부도 안타깝지만 리스크 관리를 분명 소홀히 하여 미래에 쓰디 쓴 맛을 보게 될 것이다.

• 투자정보에 너무 의존하지 말라

전문가의 조언이나 매스컴을 통해 얻는 투자정보는 참고만 하고 좀 더 세밀한 조사를 한 뒤 매수에 나서야 한다. 왜냐하면 팔 때를 알 수 없기 때문이다. 전문가의 추천으로 주식을 샀다고 하더라도 적절한 매도시점을 다시 가르쳐 주는 일은 드물다. 앞으로의 주식시장의 성패는 아무도 알 수 없으므로 해당기업의 내용을 충분히 숙지 한 뒤에 스스로 판단하고 결정을 내려야 한다. 결과적으로 나 아니면 그 누가 대신 밥을

먹여주지는 않는다는 것이다.

• **멘토를 찾아라**

투자는 기본적으로 고독하고 외롭다. 역설적으로 투자 대가들은 끊임없이 누군가를 그리워했다는 말이다. 자신을 지키는 것은 남과 고립된 상황에서 나오는 것이 아니며, 그래서 투자와 인생을 가르쳐 줄 멘토가 필요하다. 워렌 버핏은 자신이 부와 성공을 이룬 것에 대해 스승인 벤저민 그레이덤 덕분이라는 말을 자주 한다. 그는 벤저민 그레이엄의 '현명한 투자자'를 읽고 그에게 직접 배우기 위해 컬럼비아 대학에 들어갔고, 나중에는 그레이엄의 회사에 취직하기도 했다.

3. 펀드

펀드는 여러 사람으로부터 자금을 조달받아 만들어진 돈을 기반으로 전문가에 위탁하여 주식이나 채권, 원자재, 파생상품, 부동산 등에 투자하는 금융 상품을 말한다.

주식의 경우, 개인이 주식 종목을 선택하여 사고파는 시점을 스스로 결정하여 투자를 하는 것을 '직접투자' 방식이라고 하며, 개인이 아닌 기금운용 전문가(펀드매니저)가 투자자를 대신해서 주식 종목을 선택하고 사고파는 시점을 결정하는 방식으로 운용하는 것을 '간접투자'라고 말한다. 즉 돈을 맡겨두면 펀드매니저가 알아서 운용하여 수익을 투자자에게 돌려주는 것이다.

펀드는 투자수익이 보장되지 않을뿐더러 예적금처럼 예금자보호 대상도 아니기 때문에 펀드 가입 전에 철저한 분석 후 투자해야 한다는 것을 명심해야 한다.

매력적인 장점을 지닌 펀드

펀드가 단시일에 대중화 되는 데는 다른 금융상품 또는 직접 투자에서 찾을 수 없는 장점이 있었기 때문에 가능했다. 펀드의 대표적인 장점은 크게 세 가지로 구분된다.

• 첫째, 소액으로 분산 투자가 가능하다

일반적으로 적립식 펀드의 경우 통상 10~50만 원 범위에서 납입하는 경우가 많다. 만약 펀드가 아닌 개별적인 주식투자를 한다면 50만 원을 가지고 삼성전자 1주를 사기도 부족하다. 더구나 분산투자를 위해 업종이 다른 우량주를 여러 개 산다는 것은 현실적으로 불가능하다.

집중투자의 위험과 개별주식의 변동성 위험을 줄여준다. 이렇게 분산되어진 주식은 한번 편입되면 만기 때까지 고정되는 것이 아니라 경제상황이나 주식시장의 흐름에 따라 보유주식의 종류가 바뀌게 된다. 따라서 시장상황에 따라 투자자들을 대신해서 자동으로 분산해주는 효과가 있다.

• 둘째, 전문가에 의해 운용된다

주식, 채권 등에 전문적인 지식과 풍부한 자산운용 노하우를 가진 펀드매니저에 의해 운용되기 때문에 투자자가 직접 운영하는 것에 비해 더 안전하고 효율적이다.

펀드 내 보유주식은 시장상황에 따라 자동으로 분산되는데, 이렇게 시장의 흐름을 예측하고 해당 주식을 분석하여 합리적인 대응방안을 찾아 포트폴리오를 재구성하는 전문가가 바로 '펀드매니저'이다. 펀드매니저들은 시시각각 변화하는 경제상황을 주시하면서 투자자들의 돈을 지키고 불려주는 역할을 충실히 수행한다. 따라서 몸이 아프다 해서 스스로 원인을 찾고 치료방법을 모색하는 것보다 전문가인 의사에게 맡기는 것이 마음 편하듯이, 비용 면에서나 위험관리 면에서 전문가에게 맡기는 것이 더 효율적이다.

- **셋째, 장기투자에서 물가상승률을 초과할 수 있는 투자 상품이다**

물가상승률은 단기투자보다 장기투자에서 더 고려해야 한다. 특히 돈이 오랜 기간 묶일 경우 실질수익이 물가상승률을 초과하지 못한다면 마이너스 수익이 되어 자산은 증식되지 않다. 쉽게 말하면 20년 전 자장면 값이 500원이었지만 지금은 4,000원이다. 즉 동일한 상품의 가격이 20년 동안 8배 오를 동안 내 돈이 8배 이상 불어나지 않았다면 내 형편이 좋아진 것이 아니라는 것이다. 단리상품 기준으로 연 35% 이자를 지급하는 예금을 가입해야 가능한 얘기이다. 현재로서는 완벽하지는 않지만 그래도 물가상승을 초과할 수 있는 장기투자 상품은 펀드가 대표적이다.

치명적인 단점을 가진 펀드

이처럼 펀드는 많은 장점을 지닌 상품이 틀림없지만 펀드만이 가지고 있는 단점도 존재한다.

- **첫째, 비용이 있다**

예적금의 경우에는 세금을 제외한 별도이 비용이 없다. 그러나 펀드의 경우는 운용되는 기간에 일정 보수와 수수료를 지불해야 된다. 수익이 났건 손실이 됐건 무조건 지불해야한다. 만약 세전 예금이자 5%와 비용 부과 전 펀드수익 5%를 비교한다면 예금의 실제수익이 더 높다. 예금은 이자소득세(15.4%)만 떼고 나머지는 본인의 수익이지만, 펀드는 전체 평가금(원금과 수익)에서 2~2.5%의 비용을 별도로 차감하기 때문에 동일 수익률을 가지고 판단한다면 예금의 승리이다. 특히 채권형 펀드의 경우는 전체수익에서 이자소득세 15.4%를 또 떼기 때문에 더 불리하다.

• 둘째, 투자에 대해 일체 관여 불가 한다

투자에 대한 모든 권한을 운용사에 믿고 일임한 형태이므로 이를 '투자신탁(投資信託)'이라고 한다. 따라서 가입자는 펀드의 주식 구성이라든가 보유한 주식을 매수/매도 시점에 대해 결정할 권한이 없다. 투자자들이 할 수 있는 것은 펀드의 가입(매수)/추가납입/중도해지(환매)/기간연장 이 네 가지로 압축된다. 투자자가 펀드운용에 관여하는 것을 제한하는 이유는 펀드매니저의 자율성을 보호하고 투자효율성을 증대시키기 위해서다.

• 셋째, 환매가 제한된다

예적금의 경우 중도 해지에 대한 제한이 없다. 다만 낮은 이자율이 적용된다. 그러나 펀드의 경우 90일 미만 환매 시 이익금의 70%를 남겨놓고 가야한다거나, 환매 자체가 불가능한 '폐쇄형펀드'도 있다. 2007년 10월에 출시한 아프리카 니켈광에 투자하는 광물펀드의 경우 9년 6개월까지는 환매가 불가능한 펀드도 있다.

• 넷째, 원금이 보상되지 않는다

수익에 대한 제한도 없고 손실에 대한 제한도 없다. 이런 상품구조를 '고위험 고수익(High Risk-High Return)'이라고 한다. 고위험 고수익의 대표적인 상품 중 하나가 바로 펀드이다. 분산투자로 개별적인 주식보다 덜 위험하다는 것이지 안전한 것은 아니다. 따라서 어떤 펀드를 가입하느냐, 어떤 방식으로 납입하느냐, 향후 경기상황이 어떻게 되느냐에 따라 펀드의 수익률이 좌우되고, 확정수익은 물론 원금에 대한 보장 자체가 불가능한 상품이라는 것을 명심해야 한다.

❙ 펀드와 주식의 차이 ❙

구분	주식(직접투자)	펀드(간접투자)
장점	- 수수료가 저렴함 - 매수/매도가 용이 - 특정종목 집중투자 가능	- 전문가에 의한 위험관리 - 포트폴리오 자동구성 - 소액으로 다양한 자산에 분산투자 가능 - 운용회사나 판매회사가 망하더라도 평가금액 보호
단점	- 전문가에 비해 시장대응 능력이 부족 - 효율적인 포트폴리오 구성 취약 - 본인이 직접 매수/매도 타이밍 결정 - 투자한 회사가 망할 경우 전액손실 - 매월 적립식 투자가 어려움	- 직접투자보다 높은 수수료 - 투자관여 불가 - 환매제한
공통점	- 투자결정에 대한 결과는 본인에게 있음 - 예금자보호에 해당되지 않음	

4. 부동산

재테크에 관심 있는 사람치고 부동산에 관심 없는 사람이 없다고 해도 과언이 아닐 것이다. 초보직장인이든 신혼부부든 또는 어느 정도 소득과 주거환경이 안정된 중장년층조차도 부동산투자는 재테크의 목표이기도 하고 성공적인 재테크를 이끄는 필수대상이기도 하다. 흔히 초보 투자자에게 부동산은 다른 투자상품에 비해 문턱이 높게 느껴지는 경우가 많은데 실제 거리감이 있는 부동산도 있지만 막연한 선입견에 기인한 경우도 있다.

부동산 투자에는 자금 뿐만 아니라 지식도 필요하다. 어느 한쪽만 갖춰서는 투자에 성공하기 어렵다. '실탄'도 마찬가지지만 지식도 단시일에 쌓일 수 있는 게 아니다. 그런데 대부분 그냥 부자가 되고 싶어만 하지 투자를 위해 평소에 차근차근 지식을 쌓는 사람은 보기 드물다.

앞으로 제시하는 4가지는 전문가나 성공 투자자라면 당연히 매일 생활화하고 있는 것들이다. 관심을 꾸준히 기울이고 자신을 투자 체질로 변화시키면 어느덧 혜안이 생겨 남들보다 앞선 투자수익을 거둘 수 있을 것이다.

정보를 찾고 정리하라

정보에 욕심이 많은 사람일수록 신문, 잡지를 열독한다고 한다. 그런데 의식하지 못하고 있지만 사실 우리는 수많은 정보를 매일 접하고 있다. 인터넷 포털에서는 모든 일간지의 기사를 제공하고 있고, 직장인이라면 매일 출근하면서 무가지 정도라도 읽을 것이다. 아쉬운 것은 경제 뉴스보다는 연예, 오락, 스포츠, 만화 등을 더 열심히 찾아 읽는다는 점에 있다.

따라서 신문 한 가지를 정해서 출근길 혹은 퇴근길, 아니면 점심시간 짬을 내서라도 매일 한 부를 읽는 습관을 들이는 게 좋다. 경제지 읽는 훈련이 안 돼 있다면 익숙해질 때까지는 돌아가며 봐도 된다. 그러나 궁극적으로는 경제신문을 추천하는데, 그 이유는 부동산 기사는 한 줄짜리 소스가 몇 년 후 대형 기사감이 되는 일이 많기 때문이다. 종합 일간지는 지면 관계상 싣지 못하는 부동산계의 작은 소스 하나를 경제지는 충실히 싣는 경우가 많다.

정보는 단신으로 넘어갈 수도 있지만 시일을 두고 계속 노출되면서 진행 상황을 알려주기도 한다. 이렇게 여러 번 전달되는 정보는 시장 흐름을 파악하는 데 유용하다.

이런 정보들을 그저 한번 훑고 넘어가지 말고, 중요한 것이라면 오려두거나 웹 스크랩을 해서 나만의 관심 스크랩북으로 두고두고 활용하자.

주의해야 할 점은 기사를 액면 그대로 믿지는 말라는 것이다. 특히 무엇이 유망하다든가 하는 내용은 소위 '밀어주기' 기사일 수도 있고, 어디가 갑자기 몇 천만 원 올랐다든가 반 토막 났다든가 하는 내용을 '띄우기' 내지는 '주의 환기성'일 수 있다. 전화를 걸어 사실을 확인하는 것을 두려워하지 말자. 부동산 커뮤니티들은 매일의 뉴스에 민감하게 반응하고 진위에 대해 논평하므로 사실 확인이 용이하다.

발품 혹은 손품을 팔라

부동산투자의 기본은 '현장을 반드시 확인하는 것'이다. 전세로 살 집을 찾든, 내가 살 지을 찾든, 재건축·재개발에 투자를 하든, 상가를 사든 그 부동산의 현황을 보기 전에는 절대로 계약을 해선 안 된다. 심지어 분양계약서만 오고가는 분양권 거래에서도 주변여건 등을 살피는 것은 기본이다.

하지만 부동산은 상당히 복잡한 관계를 구성하고 있기 때문에 현장확인은 물론 관련 서류까지 체크해도 미심쩍은 것이 한두 가지가 아니다. 이럴 때는 인터넷 검색을 통해 궁금증을 해결하거나 전문가와 상담 또는 해당 지자체, 관련 정부기관 등에 문의해서라도 반드시 결론을 내리고 투자에 임해야 한다. 간혹 상담요청을 하면서 기밀을 유지하려는 마음인지, 누군가 알면 얼른 가서 먼저 투자할까봐 두려워함인지 제대로 현황을 오픈하지 않은 사람들이 있는데 그런 질문에 어떤 전문가가 제대로 조언해줄 수 있겠는가?

누군가 투자를 권하거든 나한테 '만' 온 정보가 아니라 나한테 '까지' 온 정보라고 생각하고 대응하는 것이 바람직하다. 여러 사람들의 다양한 의견을 청취하라.

커뮤니티를 활용하라

엄마들의 관심사는 당연 '아이들의 교육'이다. 때문에 초、중、고등학교 학부모 모임에서 학원이나 특정 강사에 대한 정보는 초미의 관심사다. 심지어 뜻이 맞는 일부 그룹은 네트워크를 만들어 '자기들끼리만' 최신 정보를 공유한다.

부동산 투자정보 역시 그렇다. 1970년대 강남 복부인들이 투기를 통해 돈을 번 것도 그들만의 정보 공유가 있었기 때문이다. 당시에는 몇몇 사람들만 알고 있었지만 지금은 시대가 바뀌어 웬만한 정보는 고급정보 축에도 끼지 못한다. 하지만 알려진 정보 속에서도 돈을 버는 사람은 반드시 있다. 예전처럼 큰돈은 아니지만 지속적인 투자로 적지 않은 수익률을 낚아내는 분들은 혼자만 알고 있는 정보로 수익을 얻지 않았다.

얼마 전 강남에서 억대의 계가 깨져 사회적인 이슈가 된 적이 있다. 다복회 회원들이 단순하게 돈놀이나 하자고 모였을까? 물론 돈을 불리는 새로운 정보를 듣고자 그 모임에 끼려 했던 것이다. 누가 알겠는가? 그들이 몇 년 전 부동산시장을 움직인 큰 손들 중의 일부였을지.

그러나 그런 부자인맥이 없는 일반인들은 어떻게 커뮤니티 활동을 할 수 있을까?

인터넷의 발달은 전문커뮤니티의 활황 또한 불러왔다. 예전에는 만나거나 강의를 듣거나 술자리에서 오가던 정보교류가 지금은 키보드를 통해 인터넷 상에서 이뤄지고 있다. 부동산의 경우도 아파트면 아파트, 땅이면 땅 특화된 동호회들이 무척 많고 신흥부자와 유명 저술가들이 대부분 이들 커뮤니티를 통해 데뷔하고 있다. 누구나 글을 쓸 수 있는 공간이기에 이른바 '영업용 낚시'가 많은 것이 흠이지만 정보의 옥석을 가리는 눈만 길러진다면 인터넷커뮤니티 활동도 투자에 크게 도움이 될 것이다.

가르치면 내 것이 된다

학창시절에 짝궁이 모르는 문제를 풀어달라고 하면 분명히 잘 아는 문제인데도 제대로 설명하지 못한 경험이 있을 것이다. 이유는 별 게 아니고 남을 가르쳐보지 않아서다.

학교 선생님들은 몇 개 반에서 똑같은 수업을 하니 내용을 다 알고 있을 텐데도 수업 준비를 한다. 어떻게 하면 좀 더 쉽게 이해시킬 수 있을까 고민하고 준비하면서 자신의 지식 또한 공고해진다고 한다.

부동산 관련 지식이 조금이라도 있는 사람이라면 동호회나 부동산 전문 포털 등의 '묻고 답하기' 공간에서 활동해보기를 권하고 싶다. 이런 각종 궁금증들에 제대로 답변할 수 있다면 진정한 지식인이라 할 수 있다. 처음에는 능숙하게 답변하지 못하더라도 제대로 알려주기 위해 공부하면서 보람도 느낄 수 있고 자신의 실력 또한 늘게 된다. 이렇게 답변한 지식은 잘 잊지 않게 되니 지식을 업그레이드하기에 더 없이 좋은 방법이다.

Tip 실패하기 딱 좋은 투자습관

필자가 자산관리를 해드리는 분은 전문직 종사자부터 세차장에 일하는 직원까지 아주 다양하다. 시간이 지나면 지날수록 흔히 "있는 사람이 더한다,"라는 말이 새삼스럽게 많이 느껴지곤 한다. 신기하게도 운영하는 금액이 큰 분일수록 수수료에 아주 민감하고 투자를 할 경우 자기자금 흐름을 더욱 꼼꼼히 챙겼으며, 그러면서 자신이 생각하는 것과 맞지 않을수록 꼭 확인 하더라는 것이다.

부자들의 재테크 습관

매일같이 꼼꼼하게 확인을 하고 금리 1% 내외의 차이에 증권사, 제 2 금융권을 쫓아 다니는 고객들은 분명히 재테크에 대한 관심도가 매우 높다는 것을 의미한다. 이것이 내가 생각하는 재테크 관련 제 1원칙이다.

두 번째는 시중 자금흐름 파악을 하려고 한다는 점이다. 결국 재테크(부동산이든 주식이든)는 수요와 공급으로 인한 가격결정의 과정이다. 현재 어떠한 요인으로 인하여 자금의 쏠림이 진행되고 있는지 확인을 하여 그 현상의 적정성 여부를 본인 스스로 판단하려 한다.

세 번째는 부화뇌동하지 않는다는 것이다. 앞에서 말한 두 가지가 지속적으로 진행되면 자신만의 시장을 바라보는 눈을 가지게 되고 시장심리를 통한 과열과 저평가 여부를 판단할 수 있는 눈을 가지게 된다.

"원금보장에 연 16%의 수익률을 제공하는 ELS상품이 나왔으니 궁금하신 분들 문의하세요."라고 고객들에게 연락했을 때 전화하는 고개들 대부분은 원금보장에 연16%에 모든 관심이 쏠려 있다. ELS가 어떠한 상품인지, 거치식인지, 투자단위가 100만 원 이상이 되어야 하는지 만기 3년 상품인지 관심도 없다. 세부내용을 하나씩 설명을 드린 후에야 제약조건이 있음을 알고 투자결정을 하게 되는 경우가 대부분이다.

투자목적이 불분명하여 부화뇌동하는 사례

결국 앞에서도 언급한 적이 있지만, 수익률을 쫓아서 투자를 하게 되면 그 근간이 되어야 할 재무설계가 흔들리게 되는 경우가 대부분이다. 재테크에 민감한 A씨가 ELS 수익률이 좋다는 소식을 듣고 상담을 요청했다.

고객: "제가 적금을 월 100만 원씩 3년을 넣고 있는데요, 9개월 이 지났어요. 그거 해약해서 이번 ELS가입하고 싶은데, 괜찮을까요?"

필자: "왜 적금을 넣으셨어요?"

고객: "그거 만기되면 지금 있는 전세금과 같이 집사는데 보태려구요."

필자: "ELS는 최장 3년 만기가 대부분인 상품인데 그때까지 조기상환되지 않으면 주택마련 자금에 쓸 수가 없을 실텐데 괜찮으시겠어요?"

고객: "아~ 그래요? 그럼 어떻하죠?"

필자: "장기주택마련펀드나 저축통장은 있으세요?"

고객: "아뇨 투자해야 하는 기간도 길고 수익도 별로인 거 아닌가요?"

필자: "세제혜택을 감안한 수익률은 상품별 차이가 있긴 하지만 대략 연 20%이상이 됩니다. 또한 통장을 기간분산하여 개설할 경우 전략적으로 연말정산 및 비과세 혜택을 누릴 수 있도록 이용도 가능합니다."

고객: "그래요? 그런 투자가 가능한지 몰랐네요. 어떻게 하면 될까요?"

투자자들은 단순히 고수익을 최고의 재테크 잣대로 삼고 접근하는 경향이 있다. 이처럼 상품의 특성과 위험도와 주위상황 등을 감안하지 않고 가입하다가는 목적자금을 활용하지 못하는 경우가 발생할 수도 있다.

이것은 기본적인 재무설계 없이 목적자금이 불분명하게 운영됨으로써 일어나는 일들 중 하나이다. 재무설계에서는 생애주기에 따라 결혼자금, 주택마련, 자녀교육, 자녀결혼, 은퇴 등등 주요한 이벤트에 물가상승률을 고려한 각각의 목적자금을 따로 분배할 수 있도록 권유하고 있다.

또한 주거관련 부채는 총소득의 28%이내, 총 부채는 총소득의 36% 이내, 저축은 총소득의 20% 이상을, 비상예비자금은 맞벌이 여부에 따라 생활비의 3개월 또는 6개월분을 유지하도록 권고한다. 이것은 개개인의 삶이 비슷하게 진행한다는 가정 하에 제시하는 가이드라인으로 생각을 하면 될 것이고 실제 나의 재무상태와 비교하여 재무설계사의 조언으로 재무설계를 통한 자산배분, 투자상품 결정의 순으로 접근하도록 권유하고 싶다.

부분투자 수익률은 높지만 전체투자 수익률이 적은 사례

카페를 통해 만난 고객이 직접 지점으로 내점하여 자신의 투자내역을 보여주고 점검을 요청한 적이 있다. 투자가 유망한 국가들 위주로 펀드를 가입하셨고 각 펀드 수익률도 매우 높았다. 대신 역외펀드인데도 환헤지가 안 되어 있어서 고객에게 두 가지 포인트를 제시했다.

"개별펀드 수익률은 좋지만 전체 투자자금의 수익률이 얼마인지 체크해 보시고 달러약세 추세가 지속될 것 같은데 펀드 환헤지 여부를 고려해 보셔야 합니다."

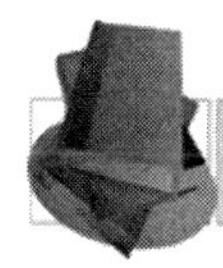

참고문헌

21세기 노후설계 10계명, 황숙혜, 김&정, 2008, 6.
21세기 세금 절약 재테크 10계명, 김옥연, 김&정, 2009. 7.
21세기 성공 재테크 10계명, 민수영, 김&정, 2007. 3.
21세기 펀드 투자 10계명, 임성혁, 김&정, 2008. 5.
가치를 알아야 경제가 보인다, 조윤정, 푸른영토, 2018. 2.
경제상식충전소, 최진기, 한빛비즈, 2010. 6.
경제기사가 말해주지 않는 28가지, 윤석천, 왕의서재, 2018. 1.
경제기사 궁금증 300문 300답, 곽해선, 혜다, 2017. 11.
경제기사랑 친해지기, 류대현, 새로운제안, 2018. 1.
경제 비타민2, KBS 2TV 경제비타민 제작팀, 2008. 1.
경제비타민, KBS 2TV 경제비타민 제작팀, 2009. 2.
경제, 알아야 바꾼다, 주진형, 메디치미디어, 2017. 4.
경제지식이 부자를 만든다, 고경호, 프레너미, 2016. 11.
경제 e(경제로 보는 우리 시대의 키워드), EBS 지식채널 e, 북하우스, 2015. 11.
공유경제는 어떻게 비즈니스가 되는가, 앨릭스 스테파니, 한스미디어, 2015. 11.
공유 경제의 시대, 로빈 체이스 저, 이지민 역, 신밧드프레스, 2016. 3.
금리는 경제의 미래를 알고 있다, 박종연, 원앤원북스, 2016. 9.
금융용어, 기획부, 새로운 제안, 1998. 9.
나는 금리로 경제를 읽는다, 김의경, 위너스북, 2016. 5.
나는 세계일주로 경제를 배웠다, 코너 우드먼 저, 홍선역 역, 갤리온, 2011. 3.

누가 가짜 경제민주화를 말하는가, 정승일, 책담, 2017. 2.
대한민국 2030 재테크 독하게 하라, 김민수·이광배, 미르북스, 2007, 9.
돈 잘 버는 회사의 명쾌한 절세비법, 김명돌, 새로운제안, 2007, 6.
딸기아빠의 펀펀 재테크, 김종석, 굿인포메이션, 2007. 8.
발칙한 경제(내 삶을 바꾸는 돈 되는 경제이야기), 권순우 외 2명, 가나출판사, 2017. 5.
비정상경제회담, 김태동, 윤석현 외 6명, 옥당, 2016. 3.
사회적 경제는 좌우를 넘는다, 우석훈, 문예출판사, 2017. 5.
순환경제 시대가 온다, 피터 레이시, 제이콥 뤼비스트 저, 최경남 역, 전략시티, 2017. 11.
새로운 돈의 혁명 전자화폐, 제일금융연구원, 한국경제신문사, 1997. 4.
생존경제, 최진기, 북섬, 2009, 12.
생활경제와 소비자 트렌드, 채정숙, 김정숙 외 4명, 신정, 2013. 3.
세계화·정보화시대의 경제와 생활, 김기영, 임종수 외 3명, 도서출판 두남, 2007. 8.
세테크 전략, 이병권, 새로운제안, 2014. 2.
어떤 경제를 만들 것인가, 김동열, 더굿북, 2017. 1.
엎치락뒤치락 세계 경제 이야기, 석혜원, 풀빛, 2018. 2.
유비쿼터스 시대의 생활경제, 박정호 저, 도서출판 두남, 2008. 3.
유쾌한 이코노미스트의 스마트한 경제공부, 홍춘욱, 원더박스, 2016. 5.
응답하라 사회적 경제(자본주의 시장 경제의 대안), 조재석, 나녹, 2017. 7.
이솝우화로 읽는 경제 이야기, 서명수, 이케이북, 2012. 8.
이코노미스트 2018세계경제대전망, 영국 이코노미스트, 한국경제신문, 2017. 12.
위기가 기회다, 김유배, 다산출판사, 1998. 2.
저는 재테크가 처음인데요, 김종도, 한빛비즈, 2014. 1.
저축기술, 양종광, 밀리언하우스, 2005, 2.
전자화폐(전자상거래보안응용), 송유진, 동국대학교출판부, 2001. 8.

종횡무진 한국경제(재벌과 모피아의 함정에서 탈출하라), 김상조, 오마이북, 2012. 3.
죽은 경제학자의 살아있는 아이디어, 토드 부크홀츠 저, 류현 역, 김영사, 2009. 9.
중학생의 신용불량문제에 대한 인식 및 이해도 분석, 김승희, 한국교원대학교 석사학위논문, 2004.
지금 당장 환율 공부 시작하라2, 윤채현·박준민, 2013, 1.
재테크 쇼크, 송승용, 웅진윙스, 2010. 3.
재테크에 다시 미쳐라, 한국자산관리포럼, 인더북스, 2009, 4.
재테크 잘하는 책, 이승호·황선홍, 한스미디어, 2007. 12.
재테크 혁명, 김경식, 윤태환, 넥스웍, 2008. 5.
직장인을 위한 생존 경제학, 최성환, 원앤원북스, 2006. 7.
청소년 경제교육의 현황과 과제, 김근영·최숙희, 삼성경제연구소, 2004,
청소년을 위한 금융이야기, 금융감독원, 2011. 10.
초보자를 위한 친절한 경리책, 이종민, 2008, 2.
쾌도난마 한국경제, 장하준, 정승일, 부키, 2005. 7.
한국경제, 돈의 배반이 시작된다, 타마키 타다 저, 스몰빅인사이트, 2016. 12.
한국 경제 진단과 처방 그때는 맞고 지금은 틀리다, 송인창, 원더박스, 2018. 1.
한국의 금융위기와 금융개혁, 정일용, 일신사, 1998. 5.
현실을 직식하며 미래를 준비하는 경제 질문, 김원장, 해냄, 2017. 6.
현대시사 생활경제, 홍영균, 도서출판 두남, 2000. 3.
혼자서도 쉽게하는 재테크, IIB 파트너스 자산관리팀, 무한, 2008. 10.
행복한 부자되기, 김기영, 송영출 저, 비즈프라임, 2012, 8.

✤ 공 저 자 약 력 ✤

■ **김 진 세**

· 한남대학교 경영학석사
· 한남대학교 경영학박사

(주요 경력)

· 동명대학교 유통경영학과 겸임교수
· 서울대학교 보건대학원 최고경영자과정 수료
· 카톨릭대학교 평생교육원 의료관광통역, 의료관광 코디네이터 수료
· 한남대학교 경영연구소 전임연구원 역임
· EAC IN THE PHIL., PARTICIPATE TEACHING OF ENGLISH PROGRAM
· 한남대학교, 충남대학교, 한세대학교, 청운대학교, 한서대학교, 김천대학교, 국제대학교 외래교수 출강

■ **박 남 규**

· 한국해양대학교 항해학과
· 한국해양대학교 대학원 해운경영학과 석사
· 한국해양대학교 대학원 해운경영학과 박사

(주요 경력)

· 천경해운 항해사
· 한국과학기술연구원 선임연구원
· 동명대학교 경영대학 학장
· 중국 상해해사대학교 방문교수

(수상 경력)

· 국토해양부 장관상
· 교육부 장관상
· 한국과학기술연구원 시스템공학연구소장
· 동명대학교 총장상

■ **전 용 유**

· 선린상업 고등학교 졸업
· 한국외국어대학교 영어과 졸업
· 홍익대학교 대학원 영문학 박사

(주요 경력)

· 신한(구 조흥)은행 근무
· 동서증권, 삼성증권 근무
· 현대증권 천안, 아산 지점장 역임
· 서일대학교 겸임교수 역임
· 순천향대, 남서울대, 호서대에서 강의
· 현, KB증권 아산지점 고문
  나사렛대학교 교양(교양경제)학부 겸임교수

(저서)

· 교통공무원 실무영어
· Cinema English

생활과 경제 – 개정판

초　판 1쇄 발행 —— 2011년 2월 28일
초　판 2쇄 발행 —— 2013년 1월 30일
개정판 1쇄 발행 —— 2018년 2월 20일
개정판 2쇄 발행 —— 2020년 2월 25일
지은이 —— 김 진 세 · 박 남 규 · 전 용 유
펴낸이 —— 전 두 표
펴낸데 —— 도서출판 **두남**
서울시 강동구 성내로6길 34-16 두남빌딩
신 고 : 제25100-1988-9호
TEL : 02) 478-2065~7, 2311
FAX : 02) 478-2068
E-mail : dunam1@unitel.co.kr
http://www.dunam.co.kr

정가 15,000원

ISBN 978-89-6414-783-2 93320